Doctora Deseo

El secreto del liderazgo está en el amor

ESTEBAN SOLANO RADA

Nada como desayunar contigo en el Marcella Royal

ESTEBAN SOLANO RADA

INDICE

Nota del autor

Se atribuye a Sigmund Freud la frase *"una persona sana es aquella capaz de amar y de trabajar"* y es de eso de lo que trata este libro.

En el proceso de convertirnos en personas, a veces sin saberlo, aprendemos a amarnos a nosotros mismos y a relacionarnos con los demás, exactamente igual que aprendemos a valorarnos en nuestro puesto de trabajo y a relacionarnos con nuestros compañeros.

Este libro intenta descubrir el asombroso paralelismo entre el mundo del amor y el mundo del trabajo, dos esferas de la vida de toda persona que casi siempre se nos presentan por separado pero que poseen increíbles similitudes.

Para conseguirlo entraremos en la vida de la *Doctora Deseo*, una alta ejecutiva convencida de que nuestras decisiones tanto en el área personal como en la profesional son totalmente predecibles. Su objetivo encontrar al hombre perfecto para sus exclusivas clientas esté donde esté. Su metodología: localizarlo, realizar el primer contacto, evaluarlo y cerrar el encuentro. El día de su cuarenta cumpleaños nuestra protagonista recibe una de las misiones más difíciles de toda su carrera profesional.

En su búsqueda comprenderá la similitud entre la autoestima personal y el autoconcepto en el desempeño del puesto de trabajo y cómo tras una ruptura sentimental o una pérdida de empleo puede ser necesario un proceso de "reconstrucción" del amor que uno siente por sí mismo. Identificará también la fuerza que tienen en el comportamiento nuestras propias expectativas, cuando hablamos de nuestra pareja ideal o cuando soñamos con nuestro trabajo perfecto, y de cómo lo que esperamos a veces choca con la realidad. Los síntomas que todos padecemos cuando estamos enamorados (activación fisiológica, hipersensibilidad, idealización, etc.) le permitirán comprender lo que experimentamos cuando nos incorporamos a una empresa. El entusiasmo inicial a veces se confunde con la verdadera motivación y saberlo le permitirá ayudar a sus colaboradores para que no pierdan las ganas de trabajar. Entenderá las consecuencias de un regalo dentro de la pareja y su relación con el sistema de recompensas en las organizaciones. Quién lo proporciona, por qué y con qué frecuencia, son algunas cuestiones que deberá plantearse para que sus premios sean efectivos y consigan el resultado esperado. El atractivo físico como un aspecto a tener en cuenta a la hora de encontrar la media naranja, sabrá que tiene una repercusión directa en los procesos de selección de personal y en la decisión final que se toma. Interpretará la cultura de su organización bajo el prisma de su propia familia y será consciente de que lo que distingue a un grupo son sus valores, normas, ritos y celebraciones. Comprenderá entonces lo complejo de gestionar equipos y aplicará las mismas estrategias que se utilizan en la crianza de los hijos para que sus colaboradores se conviertan en personas maduras y responsables. La confianza, la motivación, los conflictos y hasta la repercusión de las nuevas tecnologías en nuestro comportamiento diario se verán en las dos perspectivas, la del amor y la del el trabajo.

Despiértese junto a la *Doctora Deseo* y descubra con ella que las mismas estrategias que utilizamos en nuestra vida personal son las más eficaces para nuestro trabajo.

Capítulo 1. Pez de mantequilla

Eran las ocho de la tarde y me había quedado dormida. El trabajo de toda la semana finalmente había ganado la batalla y me había hundido en un profundo sueño. Aparecían ante mí caras conocidas, antiguos clientes y hasta algún profesor de universidad. En un segundo me veía a mí misma corriendo, no sé si algo me perseguía o era yo la que corría detrás de alguien. Entonces doblé la esquina de una calle en la que compraba ropa cuando era más joven. Delante de mí había un escaparate con tres maniquíes negros de formas voluptuosas vestidos con unos brillantes trajes de chaqueta rojos. No se parecían en nada a las trillizas de la oficina, pero hablaban igual. Uno de ellos se quitó una pulsera que le resultaba incómoda y se preparó para empezar a cantar. Sonó el ruido de una moto y una voz detrás de mí me dijo: *"Annie, sé tu misma esta noche"*. Yo le respondí que no era Annie, que era Mar y la voz contestó *"OK"*. Entonces los maniquíes empezaron a cantar al unísono *"Would I lie to you"* y me vi a mí misma enfundada en un traje de cuero, con un pelo corto y rubio casi blanco cantando en un bar clandestino en un suburbio de Londres.

En ese momento desperté de un sobresalto. En mi habitación no había tres coristas de color cantando ni yo me encontraba enfundada en un traje de motorista. Era mi móvil, que estaba ya en la tercera repetición de la alarma. Annie Lenox se iba a quedar ronca si volvía a repetir el estribillo.

Los ojos se me movían lentos y tenía la boca totalmente seca. Una parte de mi cabeza intentaba despertar a la parte de cuerpo que seguía pegada al sofá y le decía: *"¡muévete, que lo vamos a perder!"*. Eran las ocho, el objetivo iba a estar en media hora pidiendo una ración de sushi en el restaurante Xobo. Sólo lo hacía una vez al mes, cuando regresaba de alguno de sus viajes y se permitía una noche de tranquilidad antes del siguiente destino. Si le perdía, no volvería a tener ocasión de encontrarme con él y la situación no estaba como para perder más dinero.

Me arreglé todo lo rápidamente que pude. Tenía toallitas especiales para esas ocasiones, unas para tonificar la cara y otras para refrescar las axilas y con las prisas terminé con las mejillas heladas y una tirantez casi insoportable debajo de los brazos que me impedía moverlos con naturalidad.

Metí en el bolso la tarjeta de la habitación y el dossier que había quedado tirado junto a los zapatos y cogí el resto de complementos para ponérmelos mientras bajaba por el ascensor. Con las manos llenas abrí la puerta apoyando con fuerza el codo sobre la manilla y llamé al ascensor apretando con energía mi nariz contra el pulsador. En el momento en el que me encontré dentro dejé caer todo lo que llevaba: cinturón, pendientes, cartera... y comprobé en el espejo que el efecto "hielo polar" había hecho que mi cara se fuera tornando un tanto blanquecina. Empecé a atarme, abrocharme y a colocarme todos los adornos que había dejado esparcidos por el suelo y cuando llegué a la planta baja estaba totalmente preparada y dispuesta para la acción.

Las puertas del ascensor se abrieron y ante mí apareció majestuoso el hall del hotel. A esas horas estaba repleto de personas haciendo el check-in en la recepción o esperando para realizar algunas de las múltiples excursiones que se programaban. Era viernes y todo el mundo estaba deseoso de disfrutar de un fin de semana en una de las ciudades más espectaculares del país. Yo, en cambio, siempre me alojaba allí por trabajo y se me hacía difícil identificar ese sitio como algo más que la base para alcanzar mi siguiente objetivo.

Crucé rápidamente el hall. A mi izquierda el jefe de la recepción hizo una señal con las cejas a uno de los conserjes. En cuanto se dio cuenta de quién era se colocó a mi lado y disimuladamente se adaptó a mi paso.

—Sra. Stevens, ¿necesita su coche? —preguntó en voz baja sin dejar de mirar al frente.

—Llámeme Mar, por favor. Y claro que necesito mi coche ¿o cree que vengo a hacer turismo?

—Por supuesto, señora. Ahora mismo.

La puerta de entrada también estaba atestada de gente. Parejas de nuevos ricos que querían disfrutar de un fin de semana de ensueño, parejas de ricos de siempre que querían seguir soñando y personas solas que habían venido a esta ciudad a buscar un posible sueño. Mientras les observaba yo seguía ajustándome todo el repertorio de complementos y cerciorándome de que llevaba todo lo necesario: dossier, cartera y móvil. En un minuto el avispado conserje me había traído mi coche, un Mini Rolls Royce de color diamante negro metalizado, de 185 CV y con capacidad para acelerar de cero a cien en siete segundos. Era un coche maravilloso, con los asientos en tono *Corlsink*, inserciones de madera de raíz de nogal y unas increíbles alfombrillas de lana de cordero que invitaban a quitarte los Louboutin y conducir descalza. Con una sonrisa forzada aparté al conserje del coche y me dejé caer en el asiento del conductor. Miré por el retrovisor, apreté con fuerza el volante y pensé *"Pequeñín, demuéstrale a mamá de qué eres capaz"*.

Antes de darme cuenta, me había incorporado a una de las avenidas principales del centro. El objetivo iba a estar en menos de quince minutos comprando una bandeja repleta de pez mantequilla en uno de los restaurantes más famosos de la ciudad. La estrategia era clara, había que contactar con él de cualquier modo. El cielo estaba oscureciéndose y las luces de la ciudad empezaban a brillar.

Los escaparates presentaban su mejor cara a los posibles compradores y la ciudad se engalanaba para empujar a los visitantes a abrir sus carteras y olvidar durante unos instantes sus preocupaciones. Yo intentaba cruzar lo más rápido posible las cinco calles que me separaban de mi objetivo. El tiempo se agotaba y era necesario hacer una llamada pertinente de apoyo.

—¡Hola, chicas…! —dije esperando respuesta.

—¡Hola, Mar! —respondieron las tres al unísono —. ¿Estás ya con el objetivo?
—Ummm… Casi estoy con el objetivo —respondí.

Los altavoces del Mini empezaron a transmitir una serie de gritos difíciles de entender.

—Tranquilas, por favor. Solo me he quedado un poco traspuesta y he salido más tarde de lo programado, pero todo está bajo control.

—Mar, por favor, no lo podemos perder. Es nuestra última oportunidad, no puedes fallar y recuerda que es un tipo ISTJ: introvertido, concreto, sin habilidad para los sentimientos y muy organizado. ¡No te presentes como lo sueles hacer, por favor!

Cuando hablamos de ISTJ hacemos referencia a las preferencias descritas en la Teoría del Tipo Psicológico según el MBTI (Myers Briggs Type Indicator). Esta herramienta, basada en la teoría de Carl Jung, define las preferencias de toda persona en cuanto a dónde enfoca su energía (Extraversión vs. Introversión), cómo prefiere obtener la información (Sensación vs. Intuición), cómo es la toma de decisiones (Thinking vs. Feeling) y finalmente su actitud con el mundo exterior (Juicio vs. Percepción). En este caso concreto, nos encontramos con una persona con preferencia por la Introversión para cargar energía (I), preferencia por la Sensación cuando se obtiene información (S), una toma de decisiones orientada hacia el Pensamiento o Thinking (T) y una relación con el mundo exterior basada en el Juicio (J).

—¡Que sí, confiad en mí, está todo bajo control! A propósito, cuando llegue a la oficina recordadme que os cuente un sueño que he tenido en el que aparecíais las tres como coristas de un grupo de soul…

—¡Mar, concéntrate!

El restaurante Xobo era uno de los japoneses más famosos de la ciudad. En sus orígenes había nacido como un entorno experimental en el que se fusionaban la comida brasileña y la japonesa pero finalmente los dueños decidieron centrarse en la parte del negocio que más fama les estaba dando y, salvo esos primeros coletazos de experimentación, el Xobo siempre se había caracterizado por dar una comida japonesa tradicional. No poseía excesivos platos pero todos se presentaban con un gran esmero. El restaurante era relativamente pequeño, solo una quincena de mesas que se distribuían de un modo ordenado en un espacio cálido y acogedor. Otro de los aspectos que habían influido en la fama del restaurante era la posibilidad de llevarte la comida a casa y eran muchos los ejecutivos que encontraban en esta alternativa un modo de saborear una exquisita cocina japonesa en su propia casa acercándose unos minutos antes al Xobo.

Nuestro objetivo era un hombre de hábitos, de rituales. Si algo era de su agrado se aferraba a ello con todas sus fuerzas y lo incorporaba a su repertorio de fidelidades. Seguro que la primera vez que probó las delicias del Xobo se sintió temeroso, pero una vez percibidos los sabores y texturas y viendo que el peligro era mínimo se había habituado con facilidad y ahora el ritual siempre era el mismo. Cuando llegaba por la tarde de uno de sus viajes y tenía posibilidad de quedarse más de una hora en la ciudad, iba directamente a su apartamento, se duchaba y se acercaba al restaurante dando un paseo. Casi siempre hacía el pedido antes por teléfono para no tener que esperar demasiado. Una vez recogida la comida se acercaba a una heladería cercana donde compraba una pequeña tarrina de helado de mascarpone o de tiramisú. Terminada la fase de recolección de comida volvía sobre sus pasos hasta el apartamento donde disfrutaba de la cena mientras leía algún libro. A las 22:00 nuestro objetivo caía rendido en su cama a descansar para una nueva jornada de viaje y de trabajo.

Llevábamos meses preparando este encuentro, conocíamos a la perfección sus movimientos y el hecho de que fuera una persona tan organizada facilitaba sobremanera nuestro trabajo. Aunque todo estaba planificado mi pequeña siesta había trastocado ligeramente los planes. En un principio yo iba a tener tiempo para poder entrar en el restaurante y pedir alguno de sus platos típicos mientras esperaba disimuladamente a que nuestro hombre llegara a por la comida que había encargado y entonces… una tarjeta del restaurante que se cae, una pregunta expresando mi interés por algo que ha pedido o una mirada de sorpresa al confundirle con alguien. Tenía miles de maneras de comenzar una conversación una vez los dos estuviéramos en el mismo lugar. Pero parecía que aquel día iba a tocar flexibilizar los planes e improvisar.

Mi flamante coche había cruzado sin problema cuatro de las cinco calles que me separaban del Xobo. A esa hora el tráfico no era tan intenso y mi pequeñín sabía perfectamente cómo zigzaguear entre los diferentes carriles y colocarse siempre el primero. Estaba a un minuto del restaurante, esperando que uno de los semáforos me permitiera retomar mi carrera y ya veía el cartel negro del Xobo con sus enormes letras plateadas. Solo debía acercarme y aparcar el coche lo más cerca posible de la puerta. En cuanto la luz verde me dio paso mis manos sujetaron el volante, pisé con fuerza el acelerador y los 185 CV me propulsaron directamente hacia el restaurante. Cuando estaba a punto de llegar al destino, Annie Lennox volvió a gritar como una posesa desde mi teléfono. Las trillizas necesitaban saber qué estaba pasando. Un movimiento brusco hizo que el móvil cayera a mis pies y por miedo a estropearlo, sin parar el coche e intentando no quitar la vista de la carretera, me agaché para cogerlo. El móvil se había perdido entre la lana de oveja de mi alfombrilla y uno de mis anillos quedó también enganchado. Fue solo un instante pero escuché un fortísimo ruido contra mi coche y frené automáticamente.

Ahí estaba yo, inclinada, luchando por liberar mis dedos del pelaje que algún lumbreras de Oxford le había puesto a mis alfombrillas y con la certeza de que algo había impactado contra mi coche. Al salir vi cómo mi objetivo se retorcía de dolor en el suelo.

—¡Dios mío, lo siento! —exclamé mientras le ayudaba a incorporarse.

El hombre, aturdido, me miró fijamente. Sus ojos no transmitían enfado y creo que en aquel momento estaba muerto del susto. No dijo nada y se puso a recoger del suelo las bandejas, servilletas… con el logotipo negro y plata del Xobo.

—Lo siento muchísimo. Iba rápido, ha sonado el móvil y se me ha caído a los pies —intenté explicarme—. Cuando he ido a recogerlo se me ha enganchado un anillo a la piel de oveja y…

Vi cómo le temblaban las piernas y no podía articular palabra. Hizo un gesto dando a entender que no pasaba nada y, cogiendo todo lo que quedaba de su comida, se marchó cruzando la calle. Entonces me di cuenta de que mi objetivo se alejaba de mí.

Creo que se me podrían haber ocurrido mil formas

de utilizar el altercado que habíamos tenido como excusa para comenzar una conversación: *"deje que le lleve a un hospital"*, *"mi seguro lo cubre todo"*, *"le voy a denunciar por ensuciar mi Mini Rolls Royce con su puñetero sushi"*.... Cualquier cosa excepto quedarme quieta y parada. Pero la situación había sido tan imprevista que me quedé totalmente bloqueada. Vi ante mí a las trillizas gritándome al unísono sin entenderles nada de lo que decían, vi cómo el dinero volaba por el asfalto, vi a mi objetivo coger su próximo vuelo todavía temblando.... Y de repente reaccioné: *"Mar, no está todo perdido... le falta el helado de queso"*.

Me metí en el coche, conecté el GPS y volví a utilizar toda la potencia de mi pequeña joya para llegar a la heladería. No había contado con ir allí y no estaba segura de dónde estaba, pero no podía fallar. Desde el teléfono una voz femenina me iba indicando cómo llegar a mi destino: *"en el siguiente cruce gire a la derecha"*, *"manténgase en el carril de la izquierda"*. Sabía que estaba relativamente cerca y, aunque mi orientación no era especialmente brillante, todo me indicaba que esta vez no iba a fallar.

A los cinco minutos de mi nueva carrera, la vocecilla me indicó que girara a la derecha. Según el mapa estaba a menos de un minuto de mi destino. Yo miraba inquieta a los lados intentando encontrar algo que se pareciera a una heladería cuando delante de mí una señal me indicó que estaba en una calle sin salida. O los mapas no estaban actualizados o acababan de construir un edificio de 20 plantas justo donde tendría que haber estado el establecimiento. No lo dudé un segundo, metí la marcha atrás, agarré el volante, pisé con fuerza el acelerador y… ¡pum!

—Dios mío… —grité al notar que había golpeado nuevamente con mi coche a algo o a alguien.

Bajé lo más rápidamente suplicando al cielo que no pasara nada grave, pero mis plegarias no obtuvieron respuesta. En la calle, esparcidas por el suelo, las bolsas del Xobo se mezclaban con dos tarrinas de helado y mi objetivo, tirado boca arriba, me miró aterrorizado cuando se percató de que volvía a ser yo la autora del atropello. En esta ocasión ya no hizo ningún intento de recoger la comida, solo fue gateando hacia atrás gritando *"¿Pero está usted loca?, ¡Dios mío…, me quiere matar!"*. Echó a correr por la calle, con los ojos como platos y pidiendo ayuda con las manos.

Me serené rápidamente, dándome cuenta de que aquella sí era mi última oportunidad. Me quité los Louboutin y, como alma que lleva el diablo, corrí tras él. Cuando ya estaba a punto de alcanzarlo intenté decir algo, pero mis pulmones estaban demasiado ocupados intentando conseguir el oxígeno para poder mover mis piernas. Logré llegar hasta él, me tiré encima y lo plaqué.

La imagen era digna de una película de serie B. El hombre ya totalmente descamisado tirado en el suelo boca arriba y justo encima yo, sin zapatos y jadeando a más no poder

—¡Por favor, no me haga nada! —gritó enloquecido—. Yo no soy nadie importante, ¿qué quiere de mí?

—Señor Skinner… Soy Mar, Mar Stevens —le grité.

—¡Yo no le conozco!

—Sr. Skinner, soy la Sra. Stevens —repetí.

Entonces hubo unos segundo de silencio. El hombre tomo un poco de aire y me miró fijamente.

—¿Es usted la *"Doctora Deseo"*?

—Sí —le dije. Y suspiré.

Capítulo 2. Due caffè macchiato, per favore

En esa época del año los días eran cada vez más cortos. Las luces de los escaparates ya estaban totalmente encendidas, los saldos y las promociones se unían con las nuevas colecciones y novedades especiales para esa época. Cerca de donde nos encontrábamos había una pequeña calle peatonal, repleta de pequeños cafés. Como había tirado por el suelo la sabrosa cena japonesa de mi objetivo, le convencí para intentar aclarar lo sucedido alrededor de una mesa y frente a dos estupendos cafés.

El hombre estuvo durante los primeros minutos prácticamente sin abrir la boca. Me miraba fijamente, como con miedo a preguntar y a obtener alguna respuesta incómoda. Yo sabía que el encuentro no había tenido nada que ver con lo planificado pero finalmente me encontraba junto al objetivo y todavía tenía todas las probabilidades de éxito delante de mí.

—Sr. Skinner, siento mucho lo sucedido. Éste, evidentemente, no es el procedimiento habitual pero lo importante es que estamos juntos.

El hombre siguió mirándome y, como si estuviéramos a diez grados bajo cero, acercó sus manos al café para calentarse. Creo que el susto había hecho que su sangre se escondiera y le había dejado todavía más pálido de lo que era en mis fotos.

—Sr. Skinner, yo sé quién es usted. ¿Sabe usted realmente quién soy yo y a qué me dedico? —pregunté intentando mantener un tono tranquilo y conciliador.

—¿Qué sabe de mí? —preguntó sin despegar sus manos de la taza de café.

—Sr. Skinner, tiene usted 46 años. Hasta el otoño pasado trabajó como ingeniero informático en una empresa de seguros, pero la crisis hizo que despidieran a prácticamente la mitad de su departamento y usted fue uno de ellos. A partir de ese momento empezó a colaborar con una empresa que diseña sistemas de luz para aerogeneradores. Tiene que viajar prácticamente todas las semanas y esto le incomoda. Le encanta la comida japonesa y todo lo relativo a la Segunda Guerra Mundial. No tiene hijos y hace prácticamente cinco años que no tiene pareja. Es usted una persona de hábitos, organizada y con necesidad de planificar su vida. Disfruta cuando le dejan un día libre y puede ir a los lugares que conoce a comer la comida que conoce. Le gusta madrugar para aprovechar las mañanas y su gran sueño es poder tener un pequeño apartamento junto a un puerto en el que poder quedarse dormido escuchando las olas.

Los ojos de mi invitado ya no podían abrirse más. El miedo a verse atropellado aumentó al sentirse totalmente espiado, las palabras le salían con dificultad y el temblor de sus manos hacía que la nata del café se diluyera cada vez más.

—¿Hay algo más que sabe de mí? —musitó.

—Sí, Sr. Skinner. Que, aunque aún no lo sepa, está usted profundamente enamorado.

En aquel momento tuve que cogerle con fuerza de las manos. La situación le resultaba tan incómoda que prácticamente no podía resistir ni un segundo más. Había accedido a tomar un café por cortesía e incapacidad para responder de otra manera en el momento, pero estar escuchando toda esa información hacía que mi objetivo necesitara rápidamente una salida. Comprendí que era el momento de dar información y hacer que los malos entendidos se fueran disipando.

—Sr. Skinner, por favor, escúcheme —le pedí.

Cuando tomó aire y me hizo un gesto de asentimiento continué.

—Mi nombre es Mar Stevens y soy la Directora Ejecutiva de la Agencia Purpple Women. ¿Sabe usted a qué nos dedicamos?

—Creo que es una agencia de contactos y que por

eso a usted le llamaban la *Doctora Deseo* —señaló.

—No, Sr. Skinner. No somos una agencia de contactos y lo de la *Doctora Deseo* fue fruto de un momento de luz de una redactora del Vanity Fair. Nosotras no hacemos que la gente sola encuentre una pareja. Nosotras encontramos para nuestras clientas a su hombre perfecto, esté donde esté y cueste lo que cueste.

—¿Y qué diferencia hay con una agencia de contactos? —preguntó tímidamente.

—Nuestras clientas son mujeres con unas características especiales: ya no son jovencitas, la mayoría ya ha tenido relaciones previas y ahora buscan no fallar otra vez. Además tienen un poder adquisitivo… dejémoslo en alto. Nos contratan para que encontremos al hombre que va a cumplir a la perfección sus expectativas y para ello utilizamos todos los métodos necesario para identificarlo, analizarlo, hacer el contacto y promover el encuentro. Sr. Skinner, a nosotras no nos interesan los hombres que van a una agencia de contactos o que están inscritos en una web para encontrar a una mujer con la que poder descargar sus frustraciones. Los hombres que nos interesan a veces ni saben que hay una mujer perfecta para ellos y por lo tanto no la buscan. Los hombres que nos interesan están satisfechos con sus vidas pero nosotras les ofrecemos algo más.

—Pero… creo que ahora no es el momento —dijo bajando la mirada y soplando la taza de café.

—Sr. Skinner, deje que le diga algo. Hace un año aproximadamente a usted le despidieron de su puesto de trabajo. Seguramente ese momento no fue fácil. Usted quería seguir trabajando allí pero su empresa le comunicó que prescindía de sus servicios. Me imagino que en un primer momento usted sintió una profunda desilusión y que pasados unos días esa tristeza se tornó en una gran enfado al ver lo injusto de la situación. Seguramente su autoestima en esos momentos no era la más alta y, aunque la necesidad apremiaba, a usted le producía gran ansiedad buscar un nuevo trabajo. Pasados unos meses una firma de aerogeneradores se puso en contacto con usted y ahora solo de vez en cuando se acuerda de su anterior trabajo. Sr. Skinner, hace cinco años su mujer le dejó y seguramente que esa situación de ruptura no fue fácil. Me imagino que en esos momento sintió desde pena hasta un profundo enfado con ella. Seguramente llegó a creer que nunca iba a encontrar a alguien como ella y que nunca iba a sentir lo mismo. Sr. Skinner, igual que en el trabajo, usted tiene ahora una nueva oportunidad. Permítame que le presente a alguien que le está buscando precisamente a usted.

La taza de café de mi invitado seguía prácticamente llena. Sus ojos miraban hacia arriba como queriendo recordar tiempos pasados y decisiones casi olvidadas. Sus manos estaban apoyadas en el mantel y su boca durante unos instantes se mantuvo cerrada. Después, de una manera pausada se levantó de la mesa, cogió con sumo cuidado su abrigo y se lo puso. Entonces me miró fijamente y dijo:

—Sra. Stevens , ¿voy vestido correctamente para una primera cita?

Tras una ruptura sentimental o tras la pérdida de un trabajo se puede producir un proceso en el que sea necesario reconstruir la autoestima y la independencia. Las personas que se sienten capaces de desempeñar determinadas tareas, las desempeñan mejor, persisten en ello y son capaces de afrontar mejor las situaciones de cambio (Wood, Bandura y Bailey, 1990).

Capítulo 3. Amedei Tuscany

Nuestra oficina estaba situada en el ático del edificio Eagle. Para nosotras era esencial mantener la privacidad de nuestras clientas y posibilitarles un escenario en el que se encontraran como en su casa. El edificio estaba situado en una zona especialmente tranquila para poder realizar nuestro trabajo con discreción pero que también nos ofrecía alternativas para poder relajarnos cuando terminábamos nuestras larguísimas jornadas de búsqueda y captura.

Al diseñar entre todas la distribución de la oficina intentamos no caer en esos ambientes fríos y minimalista que tanto habían estado de moda los años anteriores. No queríamos que nuestro lugar de trabajo pareciera un baño o un laboratorio, queríamos ser capaces de transmitir el sueño de las Purple Women: *"Hay alguien ahí fuera que te está esperando. ¡Encuéntralo!"*

Teníamos claro que al entrar nuestras clientas debían

ser recibidas al menos por una de las trillizas. Su trabajo consistía en acoger a las personas que pasaran por la puerta o que se pusieran en contacto con nosotras mediante cualquier otro medio. Escucharlas y observarlas, analizar la situación y utilizar el logaritmo matemático de búsqueda que habíamos creado para localizar al hombre que necesitábamos y, por supuesto, conseguir que los encuentros fueran lo más especiales posibles.

Hace diez años, cuando propuse a las trillizas empezar a colaborar conmigo, no lo dudaron ni un segundo. Todas habíamos alcanzado puestos de éxito y de cara a los demás podíamos sentirnos totalmente satisfechas. El problema era que cuando llenábamos nuestras gargantas de tequila acabábamos dándonos cuenta de que estábamos más vacías de lo que pensábamos. El resultado solía ser que de una botella de *Gran Patrón* dejábamos solo el terciopelo que la recubre y nuestros antiguos proyectos resurgían una y otra vez. Cuando yo me planteé un cambio en mi vida y decidí crear las Purple Women las tres se sumaron al proyecto y no se arrepintieron en medio de la resaca del día después. El resto ya fue todo rodado. La idea la teníamos clara en nuestras cabezas, la necesidad nos la habían transmitido centenares de mujeres y el dinero no fue difícil encontrarlo cuando sugerimos el negocio a una posible inversora que aportó capital a cambio de convertirse en nuestra primera clienta.

El sueño era claro. Teníamos que crear un entorno en el que las mujeres se sintieran seguras para poder expresar sus sueños, para que nos pudieran plantear un reto y que confiaran en nuestras posibilidades para buscar al hombre perfecto para ellas, estuviera donde estuviera y estuviera como estuviera. El resto de empresas intentaban unir personas que buscaban pareja, pero en la nuestra las clientas eran únicamente mujeres y nuestros objetivos, hombres que no sabían que alguien perfecto para ellos les estaba buscando.

La entrada era amplia y luminosa y las salas de espera se distribuían a modo de pequeños salones, permitiendo a nuestras usuarias concentrarse en sus vidas y recabar el necesario impulso para tomar la decisión *"quiero encontrar a alguien que me está buscando sin saberlo"*. También estaban nuestras salas de encuentro, utilizadas para mantener las conversaciones necesarias y conocer al máximo a todas las partes que intervienen en nuestro maravilloso trabajo. El *backstage* de nuestra oficina lo conformaba la sala de control. En ella tanto las trillizas como el resto de colaboradores realizaban las investigaciones precisas para localizar a la persona idónea. Los métodos de búsqueda se había sofisticado hasta un punto difícilmente descriptible: ya no bastaba con acudir a clubes deportivos y hacerte pasar por una socia de renombrado prestigio para conocerles ni era suficiente rastrear en nuestra base de datos para encontrar a personas que coincidieran con nuestro perfil, ahora era necesario innovar y para esto el "método" se había sofisticado…

El regreso me había dejado agotada. Aunque habían

sido pocas horas de viaje las turbulencias me habían impedido conciliar el sueño. Cansada y con ganas de tener un día tranquilo de análisis y de planificación de años venideros, abrí con suavidad la puerta principal de la oficina. Mi hermano Robert, que en ese momento trabajaba como director de Humanos en una empresa de domótica, siempre se enfadaba conmigo y me advertía de los peligros que corríamos teniendo solo una puerta tradicional separándonos del mundo exterior. Yo siempre le respondía que las puertas del paraíso no podían abrirse con una tarjeta o con el iris del ojo y que la entrada de una clienta en la Agencia Purple Women era un momento que queríamos cuidar especialmente. Empujé con cuidado la puerta y asomé mi cabeza intentando dar una sorpresa a las trillizas. Me extrañé al no ver a nadie sentado detrás del mostrador de cristal. Me acerqué y vi que las pantallas de los Mac estaban en funcionamiento. Me acerqué a la sala de control, habitualmente un hervidero de llamadas y comentarios, y la encontré totalmente en silencio. Extrañada por la situación, me quité el abrigo, continué andando por los salones en los que nuestras clientas suelen esperar y comprobé, para mi sorpresa, que estaban todos vacíos. Creo que de mi boca no salió ningún tipo de elemento sonoro hasta que al abrir la puerta de mi despacho me encontré encima de mi escritorio una caja enorme de bombones Amedei Tuscani.

En el mismo momento en el que pegué un grito de alegría, todas mis colaboradoras que estaban escondidas a mi espaldas se abalanzaron sobre mí y empezaron a felicitarme. ¡Dios mío, era mi cumpleaños! No sabía si lo había olvidado a causa de tanto viaje o si mi inconsciente había decidido borrarlo de mi agenda personal al ver que ya entraba en los cuarenta.

—Muchísimas gracias —dije mientras besaba a mis compañeras—. Sois lo peor. Llevo seis meses estirándome en unas maquinas que parecen máquinas de tortura para ver si bajo algún kilo y aparecéis con mi chocolate preferido.

A partir de ahí los comentarios habituales a una cuarentona reciente: *"pero si tú no lo necesitas"*, *"si estás igual que cuando comenzamos a trabajar juntas"*, *"esto con dos sesiones de step, una hora de zumba y un poco de wall yoga se soluciona"*. A lo que mi cabeza iba respondiendo con imágenes progresivamente más lamentables acerca de mi estado físico.

—No hace falta chicas, lo entiendo todo. Me los como sin rechistar y punto —dije convencida.

En aquel momento una de las trillizas se acercó más a mí y me apartó del grupo.

—Mar, me encanta que hayas llegado. ¿Qué tal fue con el Sr. Sushi, perdón, con el Sr. Skinner? Bueno, ya me lo contarás más tarde que ahora tienes trabajo.

—¿Trabajo ahora? Si acabo de llegar ¿recuerdas?. Comida japonesa, helado de mascarpone, nuestro objetivo obsesivo…

—Mar, tienes a cuatro personas esperando —insistió.

—También me espera esa caja de Amedei Tuscani y si la dejo aquí sola no va a sobrevivir ni un minuto…

—Mar, en la sala 1 tienes a la Sra. Rogers, que está enfadadísima con nuestros servicios. Parece que nuestro Sr. Rogers no ha cumplido con sus expectativas y quiere hablar directamente contigo. Y en la sala 2 tienes una nueva clienta. Ya sé que no estaba prevista pero créeme si te digo que esta mujer puede ser para nosotras el proyecto del año…

—¿Y las otras dos personas? —pregunté mirando de refilón la caja de bombones.

—Las otras dos personas son tus padres.

—¿Mis padres?

—Sí, bonita. Tus padres te esperan para almorzar y felicitarte en la terraza del hotel Wyndham.

¿Felicitarme?, ¿mis padres?, ¿esos dos seres que a los 18 años me dieron el dinero para el alquiler de un apartamento y me dijeron que cuando quisiera volviera para visitarles? Recuerdo que pensé que todo era muy raro mientras me acercaba al primer despacho y me alejaba de mi dulce regalo.

Capítulo 4. Guayaba, pera y almizcle

Nuestro compromiso era satisfacer a nuestras clientas, pero en muchas ocasiones el proceso de gratificación se podía complicar. Al realizar la acogida intentábamos identificar lo más claramente posible el modo en el que nuestras usuarias veían el mundo, lo que incluía identificar tanto sus necesidades como sus expectativas. Aunque en algunos casos venían con un alto grado de conocimiento de sí mismas en otros debíamos realizar un auténtico proceso de descubrimiento con ellas. Si esta primera fase no se realizaba perfectamente nos podíamos encontrar con serios problemas después.

Nuestras clientas, como las demás mujeres y como el resto de las personas que moramos este mundo, venían a nosotras con un ideal de hombre, un ideal de tipo de relación e incluso un ideal de los sentimientos que querían experimentar en ella. Esos ideales se había formando prácticamente desde la primera vez que habían descubierto el amor en sus vidas y cada experiencia, cada imagen, cada historia que habían oído había influido en su imagen perfecta de cómo tenía que ser una relación.

Thibaut y Kelley introducen el concepto de NC, nivel de comparación. Lo que una persona espera de una relación depende de las experiencia previas que ha tenido, de las experiencias que ha observado y de cómo le han afectado. Sternberg y Barnes amplían el concepto al ideal de las relaciones presentes y futuras y al ideal de lo que uno quisiera que el otro sintiera por uno.

Me acerqué a la sala nº 1 dejando en el despacho el bullicio de mis compañeras que disfrutaban sin mí del maravillosos sabor a chocolate de esos bombones que tan amablemente me habían regalado. Como la puerta estaba cerrada, di dos golpes secos y casi sin esperar respuesta la abrí. La Sra. Rogers estaba sentada en uno de los sillones que se distribuían por toda la estancia a modo de sala de té. Aunque estaba segura de que me había oído, la Sra. Rogers permaneció inmutable en su sitio. Percatándome de su actitud, no insistí y me senté con tranquilidad a su lado. Enseguida pude percibir un agradable aroma a guayaba, pera y almizcle, la misma fragancia creada por Frida Giannini que yo misma me había regalado hacía un año.

La Sra. Rogers era una mujer joven, creo que ni siquiera había cumplido los 35. No era especialmente alta pero su postura habitual, con los hombros hacia atrás y la cabeza bien erguida, hacía que aparentara ser una persona esbelta. Se había educado en el St. Mary´s Ascot School, un internado para niñas regentado por las Hermanas de la Congregación de Jesús. Ya desde que entró destacó por sus calificaciones y por su capacidad de llevar al resto de sus compañeras tanto por el buen como por el mal camino. Parece ser que los últimos años la segunda opción ganó en intensidad y consiguió, junto con su equipo de colaboradoras, dejar sin luz casi todas las instalaciones distribuidas por los 55 acres de la institución. Tras varios años de experimentación y prueba de diferentes vocaciones acabó entrando en el máster en finanzas de la London Business School. Su carrera a partir de ese momento fue considerada por muchos como meteórica. Trabajó en los principales bancos del país y terminó creando una de las consultoras internacionales más importantes en valoración de marca y valoración de activos intangibles. A pesar de sus logros yo creo que nunca habría oído hablar de ella si su empresa no hubiera sido nombrada ese año como uno de los mejores lugares para trabajar.

"Un excelente lugar de trabajo es aquel en el que confías en las personas para las que trabajas, estás orgulloso de lo que haces y te agrada la gente con la que trabajas". — Robert Levering, cofundador de Great Place to Work®.

La Sra. Rogers combinaba a la perfección una cierta

inmadurez propia de una persona de su edad con una vida en la que había tenido que tomar decisiones importantes. Cuando hablé con ella por primera vez, me pareció que tras esa postura firme y segura se escondía una chica mucho más asustadiza. Todos sabemos que nuestras debilidades a veces funcionan como grandes movilizadores y hacen que nos protejamos detrás de una imagen que queremos dar ante los demás. Durante el primer encuentro, al preguntarle sobre sus preferencias en relación con el tipo de hombre que quería que encontráramos, me dio la sensación de que su discurso estaba aprendido, como si no saliera directamente del estómago. A veces las personas que han ido tan rápido en la vida como ella no han tenido suficiente tiempo para pararse a pensar y acaban creyéndose sus propias mentiras. Además el ir encadenando éxito tras éxito, aunque aumenta considerablemente la confianza y el optimismo, hace que en ocasiones te puedas alejar de la realidad y acabes confundiéndote con tus propios logros. Igual que cuando estamos enfermos somos más que nuestra propia enfermedad, cuando cosechamos éxitos también somos más que ellos o, por lo menos, seres independientes de nuestros logros.

La Sra. Rogers me habló de un hombre fuerte, alto, con capacidad de hacer muchas cosas y sin problema para seguir su ritmo. Yo encontré un hombre con una complexión envidiable y casi un metro noventa de estatura, aficionado a los viajes y a la aventura y socio fundador de su propia empresa. Pero parece ser que el sueño de mi clienta era muy difícil de satisfacer.

—Sra. Rogers, ¿le han servido un té o un café? —le pregunté.

—No, gracias —respondió sin mirarme.

El ambiente entre nosotras era mucho más frío que el que se respiraba en el resto de la habitación. Los pocos centímetros que nos separaban parecían kilómetros y no veía el modo de poder atravesar el río helado que corría lentamente entre las dos.

—Sra. Rogers, dígame qué le sucede.

Al oírme nuevamente, cerró sus ojos con cuidado y realizó una inspiración profunda. Era como si acabara de despertar y necesitara introducir oxígeno en su cuerpo para empezar a hablar. Entonces la niña del St.Mary's Ascot me miró y expulsó toda su furia.

—Hace dos meses vine aquí con un objetivo muy claro y ustedes me dijeron que lo podían conseguir. Yo nunca habría contratado sus servicios si una de mis socias no me lo hubiera aconsejado. Entre ella y sus buenas palabras cuando nos conocimos me acabaron de convencer. *"No tienes nada que perder"*, me dije. Pero sí, sí tenía algo que perder, mi tiempo. He estado dos meses esperando a conocer a ese hombre perfecto que ustedes me aseguraron y, tras una semana con él, le aseguro que ese no es un hombre perfecto. No sé si ha sido problema de sus tests, de su pruebas o de que no tenían un candidato mejor, lo que sé es que no se parece en nada a lo que yo les había pedido.

—Por favor, explíqueme en qué no se han cumplido sus expectativas y así podremos ver qué solución le damos —le indiqué, intentando obtener alguna pista que me ayudara a avanzar en nuestra conversación.

La Sra. Rogers sacó de un portafolio de piel un ejemplar de la revista Elle y, abriéndolo por uno de sus artículos, me pidió que lo leyera. El artículo trataba sobre las cualidades que un grupo de lectoras de la revista habían identificado como las necesarias para un hombre ideal: el treinta por cierto afirmaba que querían a un hombre sensible y cariñoso, un catorce por ciento afirmaba que la cualidad indispensable era que fuera divertido y que les hiciera reír y el resto se dividía entre las que priorizaban que supiera escuchar, las que decían que debía poseer un claro atractivo físico y por último las que pedían que tuviera habilidad sexual. Cuando terminé de leer la pseudoinvestigación que la revista femenina había publicado le hice un gesto de asombro a mi clienta intentando expresar mi confusión.

—¿Pero no lo entiende? —me preguntó asombrada de que no viera la relación entre su estado y el artículo de la revista –. Está clarísimo, esto es lo que quisieran la mayoría de mujeres: un hombre sensible, que les escuche y les divierta y que de vez en cuando les dé una alegría al cuerpo y les haga sentirse queridas y comprendidas. ¡Dios mío, es patético! Yo no necesito a un hombre sensible, yo lo que quiero es que la persona que tenga delante sea consciente de lo que le pasa y que no me traslade a mí sus frustraciones. No quiero solo que me escuche, también quiero que sepa hablar y que su conversación sea al menos tan inteligente como la mía. Divertirme, hacerme reír…¿qué estupidez es esa? Para pasar el rato me voy a ver un musical cursi o a los The Cure en el Royal Albert Hall. Y con habilidad para el sexo… ¿de qué estamos hablando, de un cocinero con sus puerros? Yo lo que quiero es un hombre que sepa lo que quiere y que esté encantado de llevarme a mí en ese viaje. Quiero alguien con quien poder descansar cuando lo necesite, pero también alguien que me mueva de mi sitio y me haga plantearme cosas que hasta ahora no se me hayan pasado por la cabeza. Quiero un hombre que experimente y que se arriesgue y quiero a alguien que me haga sentir que despego de este mundo a mil kilómetros de altura cada vez que hagamos el amor.

En ese instante pude ver la cara resplandeciente de la Sra. Rogers, pude ver a esa chiquilla que había destacado durante años en su colegio y que con esfuerzo había conseguido una carrera profesional de éxito, pude ver a una persona que había luchado durante su corta vida por no ser mediocre. En aquel momento le cogí de las manos y apretándoselas conseguí que me mirara a los ojos.

—Sra. Rogers, le voy a decir algo y le pido que no me interrumpa. Si después de lo que le voy a decir sigue creyendo que nos hemos confundido en la elección de su pareja lo entenderé y le devolveremos el cien por cien de lo que nos ha pagado. Solo le pido que me escuche y que después decida.

Accedió bajando ligeramente la cabeza. Sin despegar sus manos de las mías, volvió a tomar aire, esta vez no tanto para tomar el oxígeno necesario para gritar sino buscando abrir sus oídos ante lo que estaba a punto de escuchar.

—Antes de conocernos yo ya la conocía. Su empresa se había hecho famosa al ser elegida como uno de los mejores lugares para trabajar. Aún recuerdo un artículo en el que usted misma hablaba de la importancia de confiar en las personas con las que trabajas, la necesidad de sentirte orgulloso de lo que haces y de disfrutar lo máximo posible desempeñando tus responsabilidades. En ese mismo artículo, Sra. Rogers, usted también hablaba de la dificultad para encontrar jóvenes con la suficiente motivación para trabajar en su empresa. A los recién graduados usted los describía como niños consentidos a los que se les había dado todo en esta vida. Comentaba cómo llegaban a su empresa con unas grandísimas exigencias y ya en la primera entrevista hablaban no solo de cuánto dinero iban a ganar sino también de cómo iban a poderse coger los días de vacaciones. Su impresión en aquel momento era que los recién graduados se habían imaginado trabajar en empresas tipo Google o Facebook y que con muy poco esfuerzo y grandes dosis de divertimento podían conseguir un puesto de responsabilidad. *"Los profesionales de hoy piden, pero no son conscientes de lo que pueden aportar en la empresa y no son pacientes a la hora de esperar responsabilidades más atractivas"* dijo usted en el artículo. Es una combinación peligrosa, ¿no cree?: grandes aspiraciones y poca capacidad para admitir la frustración, lo quiero todo y lo quiero ahora.

—Es cierto pero ¿qué tiene que ver todo eso conmigo? —preguntó.

—Sra. Rogers, cuando sus recién graduados llegan a su empresa en muchas ocasiones no han tenido ninguna experiencia profesional, más allá de servir algún sándwich en un Subway o como vigilantes en un club deportivo durante los veranos. Esa inexperiencia les lleva a no tener ninguna referencia para poder comparar, por lo que acuden tan solo a las imágenes que han ido viendo como el trabajo ideal para poder compararlo con la realidad que tienen. Con todos mis respetos, querida, a usted en el amor le pasa exactamente lo mismo. Sus éxitos profesionales le han llevado a exigir tanto a sus relaciones personales que se ha olvidado de que no ha tenido ninguna. Sra. Rogers, usted no ha aprendido a amar y si sigue pensando del mismo modo nunca lo hará. Usted posee un ideal de hombre al que ninguno es capaz de llegar y en lugar de atribuirse a usted misma la causa de sus fracasos amorosos, los achaca a que la otra parte no da la talla. Nadie va a ser suficientemente bueno para usted. Además su modo de trabajar le ha llevado siempre a obtener resultados de forma rápida y en el amor hace falta tiempo. Tiempo para descubrir al otro y para descubrirse a sí mismo en una nueva faceta: la de dar y compartir. Sra. Rogers, con franqueza, usted como sus recién graduados no piensa en cuánto de usted misma puede aportar a esa relación sino cuánto le va a dar esa relación a usted. Antes de pedir sueldo, horas libres y un despacho con vistas al Támesis plantéese, por favor, qué va a aportar usted.

La habitación permanecía prácticamente igual que al inicio de nuestra conversación, pero aquel frío que nos separaba se había desvanecido. Sin darnos cuenta habíamos terminado dándonos la mano y prácticamente con las rodillas pegadas la una a la otra. La cara de mi clienta reflejaba un cúmulo de sensaciones: extrañeza, tristeza.... y a la vez una cercanía con ella misma y con el mundo que le rodeaba que hasta ese momento no había percibido. Sin mediar palabra la Sra. Rogers se levantó, se puso su abrigo y cogió su bolso de piel. Se acercó a la puerta de la sala y abrió la puerta. Cuando yo temía haber perdido a una de mis mejores clientes, se dio la vuelta y mirándome dijo:

—Lo voy a intentar… Una semana, pero lo voy a intentar.

Esta fue la última vez que vi a la Sra. Rogers, y creo que fue la última vez que olí aquella fragancia de Gucci.

"El amor es una actividad, no un afecto pasivo; es un estar continuado no un súbito arranque. En el sentido más general puede describirse el carácter activo del amor afirmando que amar es fundamentalmente dar, no recibir". Erich Fromm en el Arte de amar.

Capítulo 5. Un sorbo de Wells Bombardier

En mi trabajo era esencial ser rigurosa y controlar todo el proceso. Ningún dato se te podía escapar y lo peor de todo era toparte con alguna sorpresa, casi siempre una evidencia de que algo o alguien había fallado. Cuando una clienta no estaba satisfecha debíamos dar lo mejor de nosotras mismas, debíamos ser capaces de superarnos y de conseguir que quedara asombrada de nuestra capacidad para dar solución a los inconvenientes que surgen en el largo camino del amor. Analizábamos periódicamente nuestros métodos y nuestros errores e intentábamos aprender de ellos. Las trillizas, el resto de "buscadoras" y yo misma siempre estábamos atentas al mínimo fallo. Nuestro servicio era de una altísima calidad, nuestras clientas lo sabían y lo pagaban y no estaban dispuestas a sentirse una más. Después del primer encuentro y de realizar un análisis exhaustivo de su personalidad, localizábamos a aquellos candidatos que mejor se ajustaban al perfil. A partir de ahí, para que no hubiera ningún tipo de duda, se realizaba un seguimiento exhaustivo del objetivo y después de confirmar que se trataba del candidato idóneo organizábamos el encuentro. Naturalmente este trabajo exigía de nosotras una gran versatilidad ya que debíamos conocer perfectamente a nuestros candidatos y esto exigía a veces introducirnos en su vida. Profesora suplente, camarera del restaurante donde cena con asiduidad y hasta su médium personal, cualquier cosa para saber si la persona que tenía delante era mi hombre.

En cuanto salí de la sala pensé en los maravillosos bombones que me estaban esperando. El recuerdo de su chocolate oscuro y su sabor amargo en mi paladar me fueron empujando sin darme cuenta de regreso a mi despacho. El bullicio que hacía poco tiempo se escuchaba había dejado paso a un momento de esos de calma en los que todos se encontraban trabajando, concentrados en sus respectivas tareas y sin que hubiera un ruido más alto que otro. Al percatarme de que mi corta fiesta sorpresa ya había concluido, apresuré el paso para ver si algún ejemplar de bombón especialmente adaptado al medio había podido escapar a las voraces de mis colaboradoras. Pero justo antes de abrir la puerta una de las trillizas se interpuso entre mí y mi pequeño deseo.

—Mar, lo siento —dijo con cara afligida.

—¿Qué sientes? ¿Haberos comido todos?

—¿Todos los qué? —preguntó sin entender el ansia que había en mi pregunta—. Siento que tu siguiente cita se haya tenido que marchar, siento dejarte aquí su dossier para que te lo vayas leyendo y siento decirte que tienes ya un coche esperando para llevarte a la terraza del Hotel Wyndham donde están esperando tus padres.

—¿Cómo que se ha ido mi cita? Yo no puedo comenzar a buscar un objetivo sin haber estado personalmente con la clienta. Y con respecto a mis padres, estoy segura de que no les pasará nada si esperan otros dieciocho años para tomar un almuerzo conmigo —repliqué enfada con el mundo que me rodeaba.

—Mar, bonita. Ya sé que no es el procedimiento habitual pero créeme si te digo que esta clienta esta dispuesta a pagar mucho, muchísimo dinero, si conseguimos a su hombre perfecto. Lo tienes todo en el dossier: la hora a la que te está esperando el piloto, la reserva en tu suite favorita y los resultados de la entrevista que le hemos hecho. También hay una caja con un pequeño regalo que te llevarán directamente al hotel. A propósito, Mar…

—¿¿Qué?? -respondí dándome cuenta de que ya nada era negociable y de que casi sin haber descansado me encontraba inmersa en otra búsqueda frenética.

—Te he dejado un Amedei Tuscany sobre tu mesa. Y si consigues tu objetivo te daré otro cuando vuelvas.

El Hotel Windham era uno de los más famosos de la ciudad. Al no estar en el centro conseguía que sus huéspedes no fueran los típicos turistas a los que les apremia el tiempo para poder ver todo en el menor tiempo posible. Se había construido junto a una bahía y poseía un pequeño embarcadero donde los clientes podían amarrar sus embarcaciones de recreo. Durante las noches ofrecían animadas fiestas a las que solían invitar a algún personaje relevante del momento pero durante el día el ambiente era tranquilo y relajado. El lugar y la ocasión eran perfectos para que mis padres pudieran saborear unas buenas cervezas Wells Bombardier mientras hojeaban algún periódico o dejaban que sus párpados se tiñeran de naranja con el sol que iluminaba su terraza. Mis padres siempre habían sabido disfrutar de esos pequeños momentos. Creo firmemente que si habían trabajado tan duro durante toda su vida era justamente para eso, para poder estar los dos juntos saboreando el tiempo y su compañía. Aún recuerdo a mi madre, cuando todavía mi hermano y yo éramos muy pequeños, diciéndonos a ambos "¿pero vosotros sabéis realmente para qué os hemos tenido?, pues para que nos cuidéis a tu padre y a mí cuando seamos mayores". Recuerdo que en esa situación sonreía tímidamente, sin llegar a creerla totalmente, aunque la seguridad con la que lo decía mi madre siempre me generaba alguna duda. Ese sentimiento de desconcierto se mantuvo hasta el momento en el que decidieron que ya era tiempo de que nos buscáramos la vida. Así como el resto de padres estaban encantados con mantener a sus hijos casi hasta los cuarenta, diría que mis padres se informaron de cuándo era legal echarnos de casa y en cuanto lo fue no tardaron ni un día en invitarnos a independizarnos. Las personas que han sufrido, que han trabajado durante toda su vida y que se han esforzado para conseguir lo que quieren suelen tener la tendencia a hacer que los demás suframos lo mismo, aunque no sea necesario. Mi relación con ellos desde ese momento fue intermitente. Al igual que durante el internado no me habían felicitado por mis buenas calificaciones ni reñido cuando organizaba alguna fiesta clandestina, tampoco se habían hecho eco de mi trayectoria profesional. Aún recuerdo la navidad en la que cenando en casa utilizaron para poner el asado sobre la mesa el ejemplar de la revista Vanity Fair en cuya portada salía yo en una foto preciosa en la que se me veía solo de perfil, perfectamente camuflada para mantener mi identidad en secreto. Cuando levantaron la bandeja mi silueta había quedado carbonizada por el calor y con enormes gotones de grasa. Todo lo que conseguía les parecía lo normal, consecuencia de haber nacido en una familia acomodada y de haber tenido todas las facilidades para poder alcanzar lo que quería.

Entré al hotel por la puerta principal. La decoración modernista hacía que te adentraras en un segundo en un ambiente diferente, distendido y relajado. Como seguía haciendo frío pasé primero por el comedor para ver si los encontraba, aunque mi experiencia me decía que la combinación de sol y otoño era la perfecta para que estuvieran tomando algo en la terraza. Tras echar un vistazo rápido y siguiendo mi intuición busqué la salida al embarcadero. Tras los cristales pude ver a mi madre sentada bajo una sombrilla, con los pies sobre otra silla y disfrutando de una cerveza de color cobrizo. Llevaba su pelo gris sujeto y unas enormes gafas de sol que le tapaban toda la cara. Recuerdo que, al acercarme, un sentimiento de envidia ocupó toda mi cabeza y me hizo sentirme por unos instantes más unida que nunca a mi madre. Lo triste es que esa emoción duró solo un instante, hasta que se percató de mi presencia.

—¡Mar, preciosa, por fin estás aquí! —exclamó mientras se quitaba las gafas y bajaba los pies de la silla.

—¡Hola, mamá! ¿Qué tal estás? —pregunté dándome cuenta de lo que se me venía encima.

—Pues seguramente mejor que tú. Deja que te vea, ¡estás horrible! ¿Qué te has hecho en el pelo? Lo tienes como negro, sucio… ¿Y qué es eso que tienes en la frente, una quemadura?

—No, mamá, un grano.

—¿Un grano? ¿Qué estamos, añorando nuestra pubertad? —preguntó mientras se reía abiertamente de mi pequeño detalle.

—Mamá, por favor…

—Tienes razón, cariño. Siéntate, deja ese dossier que llevas encima de la mesa y tómate con tu madre una cervecita ¿o prefieres una Coca Cola con muchas burbujas?

Mi madre alzó el brazo y pidió dos cervezas más a pesar de que la suya estaba todavía por la mitad. Estábamos solas en la terraza y la tranquilidad que se respiraba era total. A esa hora el sol nos daba de lleno y parecía que el otoño se había disfrazado de una tranquila primavera. Me senté al lado de mi madre, dejando que la luz me diera en la cara e intentando de paso que un posible enrojecimiento de toda mi piel disimulara el fallo que ella tan rápido había detectado. El camarero, silencioso y correcto, dejó las dos cervezas sobre la mesa. Un refrescante aroma a lúpulo y pasas nos rodeó a las dos. Tras un profundo trago miré a mi madre, que en lugar de mirarme o de querer iniciar una conversación había vuelto a la lectura en la que estaba ensimismada.

—Mamá, por favor… ¿No me vas a decir nada? —pregunté entre extrañada y enfada.

—¡Ay, sí! Perdona, preciosa, y muchas felicidades. Ya sabes que cuando me meto en un libro ni tu padre es capaz de sacarme. A propósito, tiene que estar a punto de llegar. Ha salido de par de mañana para hacer no se qué asunto y veo que se le ha hecho tarde. Pero así tenemos un ratito para charlar así, de madre a hija… ¿Qué tal tu trabajo?

—¡Mamá!

—¿Qué?

—Que no hace falta que aparentes lo que no eres. Nunca te ha importado nada de lo que he hecho. Pero si ni siquiera sabes en qué trabajo…

—Claro que lo sé —dijo casi interrumpiéndome—. Te dedicas a… ¿buscar hombres para otras mujeres?

—¡Mamá, ya está bien! No sigas por ahí. Si quieres saber qué tal va mi trabajo te lo digo: suficientemente bien. Sigo disfrutando con lo que hago pero ya empiezo a sentirme un tanto cansada y creo que estoy entrando en una nueva fase.

—Pues a tu padre y a mí nos pasa exactamente lo mismo… —dijo sacando las palabras desde el estómago.

En aquel momento se hizo un silencio entre las dos. No era el silencio al que estábamos acostumbradas, por no saber de que hablar o por no interesarnos por lo que le sucede a la otra. Era un silencio de saber que nos encontrábamos en un momento especial. Era verdad que desde hacía un tiempo las cosas que estaba sintiendo en mi trabajo habían cambiado, pero nunca había pensado que lo que sentían mis padres también pudiera cambiar.

—Cuéntame, mamá, ¿qué os pasa a papá y a ti?

Mi madre se incorporó en su sitio, apartó totalmente la lectura, dio un sorbo a su cerveza y, quitándose las enormes gafas que cubrían su cara, me miró a los ojos.

—Cariño, déjame que te explique. ¿Te acuerdas de cuando comenzaste con tu empresa? Probablemente al principio, a pesar de la incertidumbre y de las dificultades, te parecía un proyecto maravilloso, tan maravilloso que llegaste a pensar que era la empresa perfecta. Reconocías las cosas malas que tenía, pero las buenas eran tan buenas que dejaban en un segundo o tercer plano cualquier consideración negativa. Seguramente muchos días, antes de ir a trabajar, te sentías nerviosa porque deseabas estar allí y porque querías dar una buenísima imagen a tus clientes y colaboradores. Probablemente hasta los fines de semana o en tu tiempo libre una parte de ti deseaba estar trabajando, porque el proyecto te entusiasmaba y querías llevarlo adelante. Pensabas en tu trabajo a todas horas y eso te producía una activación agradable que hacía que cayeras habitualmente rendida después de largas jornadas de trabajo. Ese entusiasmo, esa actividad desmedida, ese darlo todo en todo momento, ese pensar solo en el trabajo, idealizándolo y creyendo que es el mejor proyecto en el que puedes trabajar da paso a un modo de trabajar mucho más maduro, más tranquilo y menos llamativo, pero igual de gratificante.

—¿Qué me estás queriendo decir, que papá y tú ya no estáis enamorados? —pregunté.

—¡Pues claro que no! ¿Tú te crees que cuando veo a tu padre llegar con las bolsas de la compra o limpiando sus botas de caza en paños menores me da un vuelco el corazón?. Mar, por favor... El enamoramiento pasa, con las personas y con el trabajo. Lo importante es estar preparado para pasar a la siguiente fase, la del amor.

—Pero lo cierto es que cuando estás enamorado de tu trabajo lo das todo, rindes al máximo y sientes que puedes conseguir todo lo que te propones.

—Sí, cariño, esa es la parte positiva. El entusiasmo con el que trabajas, la pasión que pones en todo lo que haces, la sensación de que el tiempo pasa sin darte cuenta cuando estás metida hasta el fondo en uno de tus proyectos. Pero también hay una parte negativa, igual que en el amor dentro de una pareja. ¿Recuerdas el día que fuiste con tus amigas al estreno de Dirty Dancing? Estuviste meses cantando *"Hungry eyes"* por la casa. Te imaginabas que en cualquier momento Patrick Swayze iba a aparecer por la puerta, te iba a agarrar y te sostendría como un ángel por encima de sus hombros. En aquellos momentos tu corazón palpitaba, el estómago se te encogía, te sudaban las manos. ¿Te imaginas sentir lo mismo durante el resto de tu vida? Sería absurdo incluso pretenderlo, tu cuerpo estallaría y tu increíble amor se rompería en mil pedazos con él. Mar, en la pareja como en el trabajo, el enamoramiento es una fase que es importante para experimentar pero no es para quedarse. Pero en este momento tu padre y yo estamos intentando acordarnos de algo de lo que sentíamos el uno por el otro. El tiempo hace que te acostumbres, que no valores lo que tienes y que te dejes llevar. El hábito se empieza a confundir con el aburrimiento y el amor con la comodidad de tener a alguien que te lleve las bolsas de la compra.

—¿Quieres decir que tengo que ser más pragmática? —pregunté.

—Con tu trabajo claro que sí, pero con tu vida amorosa... Cariño, creo que realmente nunca te has enamorado de alguien y que no sabes qué es amar a un hombre. Y ahora silencio, que viene el capitán del barco.

—¿El capitán?

—Sí, cariño. Tu padre ha decidido que nos tenemos que volver a enamorar y no se le ha ocurrido otra cosa que comprarse un yate para que los dos visitemos las islas griegas. Yo creo que realmente lo que quiere es matarme, sabe que me mareo incluso subida en un flotador, pero no le voy a dar el gusto de dejarle ir solo.

El psicólogo Yela en el 2002 describió los principales síntomas que se sufren en la fase de enamoramiento:

1.Intenso deseo de intimidad y unión física con el Individuo.

2.Intenso deseo de reciprocidad (que el Individuo también se enamore del sujeto).

3.Intenso temor al rechazo.

4.Pensamientos frecuentes e incontrolados del individuo que interfiriendo en la actividad normal del sujeto puro.

5.Pérdida de concentración.

6.Fuerte activación fisiológica (nerviosismo, aceleración cardíaca, etc.) ante la presencia (real o imaginaria) del individuo.

7.Hipersensibilidad ante los deseos y   necesidades del otro.

8.Atención centrada en el individuo.

9.Idealización del Individuo, percibiendo sólo características positivas, a juicio del sujeto.

Si hacemos un símil con los "síntomas" que en numerosas ocasiones se sienten en un primer momento en el puesto de trabajo el resultado sería el siguiente:

1. Intenso deseo de estar en tu empresa.

2. Intenso deseo de dar una buena imagen.

3. Intenso temor a que me echen.

4. Pensar continuamente en el trabajo mientras estás con tu pareja.

5. Pérdida de concentración con tu pareja.

6. Fuerte activación (estrés).

7. Hipersensibilidad a las expectativas que han puesto en nosotros.

8. Atención centrada en la empresa.

9. Idealización de la empresa. Solo se ve lo positivo.

Capítulo 6. Unas migas de pan y cheddar

El frescor de la bahía hacía que el sol no calentara lo suficiente y decidimos tomar el almuerzo en el comedor interior. A esa hora estábamos prácticamente solos, solo dos o tres mesas estaban ocupadas por   parejas de "jovenzuelos" como mis padres. Las fechas, cercanas a la navidad, hacían que la música de fondo nos atormentara con melosos villancicos que escuchados una vez prefieres no volver a repetir.

Y es que con la música pasa igual que con la comida. Yo era de la generación del vinilo, de la generación de los que nos encantaba comprarnos un disco tras haberlo escuchado miles de veces antes en la tienda. Poder pasar un fin de semana entero escuchando un disco nuevo una y otra vez era algo que a muchas de nosotras nos encantaba. Había discos que, igual que la comida rápida, te gustaban desde el principio y entraban por los oídos sin ninguna dificultad pero que, tras escucharlos dos o tres veces, dejabas aparcados en un lado porque tanta grasa y azúcar te empezaban a producir náuseas. Otros al principio no te parecían gran cosa o incluso no te gustaban, pero a fuerza de oírlos acababas amándolos y degustándolos como un plato de alta cocina.

Era cuestión de educación y mi padre siempre decía que con la comida pasaba lo mismo, que era responsabilidad suya como padre educar nuestro paladar. El tomate, la pasta, el jamón cocido, el pollo, los yogures, lo que él llamaba "comida rosa", no necesitaba ningún tipo de esfuerzo para ser digerida, de ahí que fuera necesario que probáramos cosas diferentes, que identificáramos otros gustos y texturas, dejando que nuestro paladar con tiempo y paciencia fuera acostumbrándose a nuevas sensaciones. Lo amargo, lo gelatinoso, la comida oscura… era el peldaño evolutivo más importante. Para él todo lo que se pudiera comer con la mano, significaba fácil y poco elaborado. El tenedor suponía un cierto progreso en el aprendizaje. Pero lo que realmente distinguía a una persona educada gastronómicamente era la vuelta al uso de la cuchara. Sopas, legumbres y cremas eran, según su punto de vista, la excelencia en lo relativo a la comida.

En aquella ocasión creo recordar que él pidió una sopa de pepino hecha con una base de miga de pan, huevos duros, vinagre, aceite, tomates, cebollas, ajo y pimientos. Mi madre y yo, en cambio, nos decantamos por uno de los deliciosos sándwiches de queso que imitaba a la perfección los que nos tomábamos cuando yo era pequeña en el puesto de Kapacasein, una mezcla sabrosísima de cheddar gratinado con cebolla roja y blanca y una pizca de ajo.

Cuando ya habíamos terminado nuestros platos y nos encontrábamos inmersos en el ocre de una nueva ronda de cervezas mi madre, apurada por su vejiga, pidió amablemente que le disculpáramos, momento que aproveché para interrogar a mi padre sobre su proyecto de las islas griegas.

—¿Papá? —pregunté bajando el tono de voz y provocando de manera casi automática una reacción de alerta en mi padre, seguro de que tras esa pregunta venía una más delicada.

—¿Qué pasa, Mar? —respondió mirándome a los ojos.

—Me ha contado mamá que te has comprado un yate y que estás pensando en llevártela durante una temporada a visitar las islas griegas, ¿es verdad?

Asintió con la cabeza.

—No me quiero meter en vuestras cosas pero… ¿no crees que es un poco ingenuo buscar sitios paradisíacos para volver, no sé…, a sentir algo de lo que sentíais antes el uno por el otro? —dije manteniendo el mismo tono de voz pausado.

Mi padre sonrió mirándome con afecto.

—Pequeña, te voy a hacer una pregunta.

Me incorporé ligeramente en mi sitio, dándome cuenta de que el sentido del interrogatorio había cambiado en un instante.

—¿Por qué crees que te llamamos Mar? —me preguntó.

—Pues… —respondí un poco dubitativa— siempre me habéis dicho que en vuestro viaje de novios visitasteis Roma y que allí estuvisteis en un hotel precioso en el que te sirvieron el mejor plato de *trofie* con salmón. Y que, tras degustarlo, quisiste tanto a mamá que decidisteis que si vuestro primer hijo era una niña le pondrías el nombre del hotel. Marcella Royal creo que se llamaba.

Mi padre se incorporó, acabó su cerveza y siguió hablando.

—Pequeña, ¿pero tú crees realmente que tu madre y yo en aquella época teníamos dinero para irnos a Italia y saborear en un hotel de lujo una riquísima pasta con salmón? Esa historia te la contamos cuando tenías siete años y no sabías nada de la vida pero lo increíble es que desde entonces tú no te hayas dado cuenta que eso para nosotros habría sido imposible. Cuando tu madre y yo nos casamos lo más lejos que íbamos era a visitar alguna villa cercana o algún distrito algo más bonito que el nuestro. Tu madre y yo pasábamos las horas el uno junto al otro cuando volvíamos exhaustos de trabajar y nos bastaba con permanecer abrazados mientras escuchábamos la radio. En uno de esos programas, durante las noches, una locutora contaba historias maravillosas que pasaban en otros países. A tu madre y a mí nos encantaba. Esa locutora se llamaba Mar y cuando tú naciste fue el primer nombre que se nos ocurrió a los dos.

Yo miré a mi padre asombrada. Durante toda mi vida no había cuestionado una historia que realmente no coincidía para nada con los que sabía que habían pasado mis padres en sus primeros años de relación. Y me di cuenta de que la segunda historia era mucho más bonita que la primera.

—Luego las cosas mejoraron bastante—continuó tras comprobar que su cerveza estaba totalmente terminada— y es verdad que fuimos capaces de llevaros a ti y a tu hermano a los mejores lugares para poder estudiar, pero en aquel primer momento no tuvimos posibilidad de grandes lujos. Sin embargo, lo recuerdo como una época maravillosa, aunque ahora no sé si tendría fuerzas suficientes para volver a revivirla.

—¿Cómo puedes sentir añoranza de momentos de penuria? Seguro que lo estas idealizando…

—Posiblemente, pequeña. Pero déjame que te cuente algo. ¿Te acuerdas de los primeros momentos al crear tu propia empresa? Ya sabes que tu madre y yo no somos mucho de preguntar, pero recuerdo cómo nos hablabas fascinada de tu nuevo proyecto. En aquel momento no tenías ninguna certeza de que el proyecto fuera a ir bien. Lo más real eran las facturas que te llegaban, la tardanza del gobierno en darte los permisos y la preocupación de tus empleadas por saber si ese mes cobrarían o no. Pero no lo viviste con tristeza sino con ilusión porque tenías un proyecto, una meta que os entusiasmaba y que tú habías sido capaz de lanzar. En las empresas la gente es feliz cuando puede soñar, no cuando se les inunda de libras.

—Venga, papá. No empieces con eso de que el dinero no da la felicidad y que aunque te toque la lotería nunca vas a ser más feliz de lo que ya eres…

—Mira, cariño. Yo he conocido empresas rebosantes de dinero y familias que lo tenían absolutamente todo y créeme si te digo que, llegado a un punto, el tener más no te hace más feliz. Es verdad que cuando el dinero sale por la puerta, el amor salta por la ventana. Es verdad que en las empresas, igual que en las familias, cuando hay problemas de liquidez surgen conflictos donde antes no los había. Pero también es cierto que el dinero, tanto en el amor como en el trabajo, hace que las personas se olviden de soñar. Y cuando te olvidas de soñar estás un poco más muerto.

En aquel momento me quedé pensativa. Mi padre tenía la capacidad de sorprenderme siempre y de darme argumentos nuevos que explicaban desde una perspectiva diferente una realidad que a priori parecía sencilla. Pude verme a mí misma llegando agotada a mi apartamento con miles de proyectos en la cabeza y con miedo a gastar demasiado en calefacción pero con una sonrisa tatuada en la cara. Cuando comienzas algo la ilusión lo impregna todo y hace que solo atiendas a aquello que te ayuda a conseguir tus objetivos. Es como si ya no existiera el dolor, solo las ganas de alcanzar algo. Lo impresionante es poder contagiar de ese entusiasmo al resto de colaboradores. Era como subirlos a un barco que estaba partiendo sin un rumbo claro, perfilando el destino puerto a puerto. Aunque intuíamos hacia dónde íbamos, la realidad nos iba llevando hacia lugares que antes ni sospechábamos que existieran. Recordé aquellas emociones, aquella agitación y esas ansias por conseguir algo y me di cuenta de cómo el destello de mis ojos se había ido apagando a lo largo de los años. Seguía queriendo mi trabajo pero de una manera distinta. Fue entonces cuando miré a mi padre y volví a preguntar.

—Y entonces ¿qué sentido tienen ahora las islas griegas?

—Sorprender a tu madre. Aunque lo bueno del hábito es que nos ayuda a ser más eficaces también nos hace más aburridos y previsibles. Automatizamos todo y dejamos de improvisar. Nos hacemos tan predecibles que la persona que está con nosotros casi se olvida de nuestra existencia. Es como si ya te supieras el final de la película. Es como si tú en tu empresa les regalas un maravilloso reloj Versace cada navidad. El primer año estarían todas encantadas pero seguramente tras unos años el efecto se perdería. Más aún, cuando un premio se repite de manera automática solo lo recordamos si lo perdemos. En la pareja pasa lo mismo, nos acostumbramos hasta a los halagos. Si yo le digo a tu madre que está muy guapa como mucho esbozará una ligera sonrisa pero si es el camarero quien le halaga cortésmente seguro que el efecto es muy diferente. Yo sé que a tu madre le da pereza que nos vayamos de viaje pero opino que Mykonos y Santorini pueden tener una gran efecto sobre nosotros. Y si no, tampoco perdemos mucho: algo de tiempo y algo de dinero.

De acuerdo con las teorías del aprendizaje cuando una conducta es seguida de un elemento positivo ésta tiende a aumentar su intensidad y frecuencia (Refuerzo). Según Aronson, cuando ese refuerzo es ofrecido por un extraño puede impactar mucho más que cuando es ofrecido por una persona que habitualmente lo hace. Una de sus teorías más conocidas, la teoría de la ganancia-pérdida, describe cómo las recompensas habituales acaban devaluándose (proceso de habituación) y cómo la pérdida de algo habitual puede tener mucho más efecto que un refuerzo esporádico.

En aquel momento llegó mi madre. El efecto de la cerveza le había tenido ocupada más rato del habitual. Ocupó con tranquilidad su sitio y cogió suavemente con los dedos algunas migas de pan y queso cheddar que quedaban en el plato. Entones la pude imaginar con su pelo largo y canoso detrás de sus enormes gafas bronceándose en el sol del mar Egeo y me asaltó la duda de que, tal vez, mi padre volviera a tener razón. Entonces un aviso en mi teléfono me devolvió al restaurante. Las trillizas me recordaban que mi jet estaba preparado para dentro de una hora y que mi objetivo estaría en el lugar preciso para realizar el encuentro al siguiente día a las 7:00. *"¿Por qué es necesario madrugar tanto?"*, me pregunté. Pero inmediatamente me di cuenta de que no tenía tiempo para pensar. Debía despedirme, tenía que encontrar al hombre ideal de la cliente estrella del mes. Me levanté y besé a mis padres deseándoles un feliz crucero e indicándoles que ya informaría yo a mi hermano de su decisión. Cuando tenía la mirada puesta en la puerta de salida mi padre me cogió de la mano con la intención de no dejarme escapar tan fácilmente. Sonrió y contemplando a mi madre comentó:

—Mar, ¿a que tu madre está preciosa hoy?

Mi madre   le miró , hizo una mueca casi imperceptible con la boca y, dirigiendo sus ojos hacia mí, dijo:

—Cariño, no te dejes tu dossier.

Capítulo 7. Un baño de espuma de mandarina verde

Como cada vez que comenzaba con un proyecto nuevo, el procedimiento de búsqueda del hombre perfecto requería atención, análisis de la información y preparación de posibles imprevistos. En este caso ya desde el principio se estaba incumpliendo una de las condiciones fundamentales: mi entrevista inicial con la clienta. Este paso, que para mí era fundamental, en ese caso y debido a las prisas y a la cuantía del importe que se había depositado como adelanto, había sufrido algún cambio que otro... En el coche, de camino al aeropuerto que estaba ubicado muy cerca del centro urbano, me dio tiempo de echar un primer vistazo al dossier. La información que me habían proporcionado las trillizas era, como siempre, completa y exhaustiva:

—Nombre de la clienta: Barry Sullivan, edad 42 años, formación en marketing.

—Trabajo actual: ejecutiva de grandes cuentas en

una prestigiosa firma líder en *e-commerce*.

—Tipo psicológico: ENFP. Es decir, mujer extravertida, con facilidad para la comunicación, con predisposición a recargar las pilas mediante la actividad, facilidad para moverse en el mundo de las ideas y de las posibilidades futuras y con habilidad para ponerse en el lugar del otro y dejarse guiar por su intuición"

En el momento en el que estaba más inmersa en la lectura, el coche pegó un busco frenazo, ya estábamos en el aeropuerto de Londres. Tras comprobar la acreditación nos dieron paso directamente a la pista donde el jet estaba esperando. Durante el despegue las vistas de Canary Wharf, el corazón financiero de la ciudad que tantas veces había visto, se me presentaron diferentes. El sol de la tarde, ya casi escondiéndose, me hizo presagiar que esa búsqueda iba a ser especial. Abrí el dossier y empecé a leer:

—Preferencias en cuanto a la personalidad del hombre buscado: seguro, resolutivo y con capacidad de toma de decisiones.

—Competencias personales destacadas: perseverancia e imaginación.

—Características físicas requeridas: más de 1,80 m, complexión atlética y nariz recta.

—Nivel de ingresos aproximado: unas 75000£.

Además se incluía ya la información acerca de los

posibles candidatos. El procedimiento marcaba que el orden de realización de los encuentros debía de ser riguroso ya que los candidatos estaban previamente ordenados por orden de afinidad con el perfil ideal. De este modo, si se constataba que el primer candidato cumplía con las expectativas de nuestra clienta y accedía a tener una entrevista con ella, no se continuaba con los siguientes pasando éstos a nuestra reserva de "hombres potencialmente ideales".

A priori no me pareció que la empresa entrañara especial dificultad así que rápidamente empecé a soñar con el placer que me aguardaba en la suite del hotel. Yo en aquella época no era especialmente exigente, aunque tenía mis pequeñas rarezas. En una ocasión había escuchado a una celebrity hablar de las increíbles emociones que proporcionaba el jabón *Acca Kappa*. Con su suave aroma a mandarina verde daba la sensación de que los trabajadores de la fabrica de Treviso venían directamente a tu baño para darte un masaje. Cada vez que tenía un viaje pedía a las trillizas que se ocuparan de encargar para mi estancia uno o dos frascos de tan maravilloso elixir. En aquel viaje, tampoco me defraudaron.

Nada más llegar al hotel me descalcé, me quité la ropa y me sumergí durante casi una hora en un relajante baño. Cuando salí me percaté de que encima del escritorio había una caja y recordé que el encuentro estaba planificado al día siguiente a las 7:00 de la mañana. Al abrir la caja no creí que fuera cierto lo que estaba viendo, después pasé a la fase de no entenderlo y finalmente llegó el momento de la ira.

Cerré la caja bruscamente, busqué en mi abrigo el móvil y llamé a la oficina. Ya no había nadie, pero dejé un mensaje: "¡No sé si lo habéis hecho a propósito o si realmente no había otro modo de hacer el encuentro, pero ésta me la pagáis, brujas!"

Colgué el teléfono, recapacité y volví a llamar. Volvió a salir el contestador: "A propósito, olvidaos esta Navidad del regalito correspondiente. He estado hablando con mi padre y creo que os estoy mal acostumbrando...¡Un beso a las tres!"

Capítulo 8. Jimmy Choo color caramelo

Eran las 7:00 de la mañana y hacía un frío espantoso. Los pocos que nos habíamos atrevido a coger el metro a esas horas parecíamos más unos zombis sacados de una película de Danny Boyle que trabajadores de camino a su lugar de trabajo. Los semblantes eran serios y las bocas permanecían ocultas en enormes bufandas o pañuelos. Los ojos, como con miedo de que se les escapara algo de calor de entre los párpados, miraban hacia abajo. Unos frente a los otros, agolpados en el mismo vagón, leyendo el *e-book*, moviendo las pantallas de los teléfonos o simplemente intentando alargar una hora más el sueño que había terminado demasiado pronto. El viaje hasta el lugar del encuentro fue frío, incómodo y sin ningún tipo de encanto. Cuando llegué a la estación indicada consulté en el GPS el lugar exacto. El apartamento de mi objetivo se encontraba a escasos cien metros de la salida, prácticamente al final de Goree Street. El edificio, uno de los más modernos de la ciudad, era una especie de "U" de cristal que provocaba al contemplarlo una disminución brusca de la temperatura. Aunque desde él teóricamente se podía ver a la perfección el Royal Liver Building aquella mañana la niebla hacía que cualquier tipo vista panorámica fuera una fantasía.

Las directrices eran claras. A las 7:00 recepción por parte de una compañera encargada del proceso y cinco minutos más tarde entrevista con el Sr. Allport. Requisitos: se exige puntualidad, llevar en mano las referencias solicitadas así como toda la documentación necesaria que acredite la posibilidad de realizar un contrato de trabajo. Además se aconsejan ropa y calzado apropiados para el puesto aunque se indicaba que, pasado el periodo de prueba, se proporcionaría a la persona un uniforme propio.

Llegué puntual al lugar señalado. Yo, que había esperado como ayuda a mi misión algo acorde con mi personalidad como unos zapatos de Sophia Webster o un bolso de la casa Lanvin, lo que encontré en el paquete del hotel directamente enviado por las trillizas era un horrible uniforme de servicio de mangas cortas y cuello blanco hecho de una gruesa tela negra que picaba nada más verla y unos ergonómicos zapatos con un tacón más grueso que mis rodillas. Que el único modo de obtener información veraz acerca de nuestro objetivo fuera introducirme en su casa podía ser una buena idea pero hacerlo como personal de servicio, créanme si les aseguro que no lo era. Hasta ese momento había hecho auténticas peripecias para conocer a mi hombre objetivo pero nunca antes había tenido que limpiar su casa.

Cuando fui a golpear la puerta para avisar de mi llegada, la enorme puerta se abrió bruscamente. Ante mí apareció una mujer de unos treinta años y de unos treinta kilos de peso. El pelo recogido hacia atrás estaba perfectamente alineado y su traje blanco con cuello mao le daba una apariencia totalmente aséptica. Me invitó a que entrara con un gesto sobrio y poniéndose a mi espalda me indicó que me quitara el abrigo. Cuando me di la vuelta sus ojos, que hasta ese momento parecían no tener movilidad, empezaron a chispear. Mi uniforme, tan clásico como recién salido de una mansión victoriana, parece que contrastaba un poco con la idea que el Sr. Allport tenía del buen gusto. Agarrándome del brazo, me metió en la sala contigua y, sin darme tiempo a articular palabra, la dama de hielo empezó a desnudarme.

—¿Pero estás loca? —preguntó mientras me quitaba bruscamente el traje—. Si estaba muy claro: look serio y minimalista, con preferencia por los tonos claros y los tejidos de lino. No has acertado ni una. Mira, porque dentro de una semana me voy de vacaciones y el único modo para que el Sr. Allport acceda es tener una sustituta. Si no fuese así para rato te ayudo, preciosa.

—Lo siento, habré entendido mal —dije tímidamente mientras mi ocasional compañera me quitaba y ponía ropa.

—Bueno, espero que las referencias y demás documentos sean actuales y no los hayas traído en pergamino...

—Claro…

Pero antes de dejarme responder me dio un empujón y me llevó casi arrastrándome de nuevo hasta el recibidor.

—Ahora, por favor, espera —me dijo señalando con el dedo índice el lugar exacto del suelo en el que debía posicionarme—. Y por favor, hazlo bien. Eres la única candidata que me han enviado desde la agencia y mis vacaciones de este año están en juego. Después de tu entrevista, si resultas ser lo que estamos buscando, el Sr. Allport te conducirá amablemente hasta la cocina y allí nos volveremos a encontrar y te daré todas las indicaciones necesarias para el desempeño de tu puesto de trabajo. En caso contrario, si no cumples con lo que queremos, el Sr Allport te acompañará directamente a la puerta de salida. Por favor no cometas ningún fallo, mi salud mental depende de ti.

Mi peculiar compañera se fue con sus delgadísimas piernas atravesando una de las puertas que daban al recibidor. La estancia totalmente blanca hacía ya juego perfectamente con mi uniforme recién prestado. Aunque no había en la habitación ningún adorno, la altura de los techos y la tarima de pino estilo Douglass me indicaban que el apartamento en el que me encontraba era todavía mejor que el mío.

—¡Buenos días! —dijo una voz grave detrás de mí.

Me di la vuelta bruscamente e hice un rápido escáner al que supuse que era mi candidato. Zapatos Jimmy Choo color caramelo que combinaban a la perfección el estilo británico con la impecable artesanía italiana, pantalones y chaqueta de Jil Sander que se ajustaban a la perfección al metro noventa que calculaba que medía mi objetivo, cara angulosa, ojos castaños, corte de pelo estilo años 50 y... nariz recta. *"¡Perfecto!* —pensé— *primera prueba conseguida".* El hombre que tenía delante cumplía a la perfección con lo que mi clienta quería respecto al aspecto físico. Y en aquel momento empezaba lo más interesante: descubrir si el Sr. Allport, detrás de ese aspecto físico imponente, era igual de atractivo por dentro.

La importancia de un físico agradable en la interacción social, ha sido claramente demostrada en toda una serie de estudios realizados por Berscheid (Berscheid, E y Walster, E.H) en los que inequívocamente se concluye que la persona físicamente bien dotada produce mucha mayor atracción física que aquella cuyo físico no es agradable.

Además a las personas con mayor atractivo físico se les suele atribuir rasgos de personalidad más favorables que a aquellos que no lo poseen, en lo que se ha venido en denominar "efecto halo". Esta relación entre el aspecto exterior y la personalidad se puede comprobar también cuando hablamos de personas a las que queremos. A éstas solemos atribuirles características tan deseables como sensibilidad, sinceridad, sociabilidad, amabilidad y éxito profesional.

Lo curioso de esta situación es que yo iba a poder identificar si el hombre que tenía delante era perfecto para mi clienta, mientras él pensaba que me estaba seleccionando a mí.

—¿Ha traído las referencias y la documentación necesaria? —preguntó casi sin mirarme a los ojos.

Saqué apresuradamente del dossier la documentación que me habían preparado las trillizas. Esta parte del proceso, naturalmente, la había delegado totalmente en ellas. Ellas sabían a la perfección qué era lo que yo necesitaba para poder realizar la parte del proceso en la que yo realmente aportaba valor: descubrir, analizar y persuadir a mi objetivo.

—De acuerdo, veo que todo está en regla y que en sus anteriores trabajos, aunque no han sido de mucha duración, sus referencias son positivas. Permítame una pregunta. Estamos hablando de un puesto temporal mientras Sue, que es la persona que acaba de conocer descansa. ¿Qué hará si no le doy el puesto?

La pregunta me cogió de sorpresa. Yo esperaba algo mas del tipo "puntos fuertes, puntos débiles", "qué sabes hacer" y "en qué vas a necesitar ayuda". Pero que me preguntara directamente por mis planes si el resultado de nuestra negociación no resultaba, realmente no lo había esperado y tuve que utilizar una de mis mejores armas, la improvisación.

—Bueno, Sr. Allport, como usted bien ha dicho este

puesto es temporal y, aunque *a priori* me parece interesante, en el caso de que usted y yo no llegáramos a un acuerdo optaría por otras casas que también se han puesto en contacto conmigo.

—Es decir, ¿que tiene usted otras alternativas? —preguntó esbozando una ligera sonrisa.

—Sí, pero por cercanía y sueldo me gustaría trabajar con usted —respondí rápidamente.

Me miró fijamente y me devolvió mis papeles. Tomó un poco de aire y casi sin pestañear continuó con su ofensiva.

—¿Tiene usted pareja? —me preguntó.

En aquel momento me enfadé. No sabía si improvisar respondiéndole o hacerlo dándole un puñetazo y de paso destrozarle su chaqueta de cachemir. Elegí la opción mas diplomática.

—Lo siento, Sr. Aronson, pero creo que esa pregunta no es oportuna —respondí notando ya el sudor en mis manos y la boca cada vez más seca.

—No, discúlpeme, me ha entendido mal, solo quería hacer un símil. Verá, la búsqueda de trabajo se parece mucho a la búsqueda de nuestra pareja. Cuantas más alternativas crees que tienes más poder tienes para poder negociar. Si eres una persona atractiva probablemente puedas exigir más a la otra parte teniendo en cuenta que, si finalmente no resulta, hay más mujeres esperando. Lo mismo sucede con el trabajo, si posees un perfil de esos que las empresas están deseando incorporar tienes mayor capacidad de elección.

En aquel momento, la seguridad que me había transmitido al principio de nuestro encuentro se torno en arrogancia. Yo sabía perfectamente que los primeros instantes en el encuentro con una persona condicionan totalmente la percepción que después iba a tener de ella, pero también conocía mi dificultad a la hora de valorar a alguien por mis primeras impresiones. Hay personas que tienen una facilidad innata para captar la esencia de la otra persona y confundirse relativamente poco en sus conclusiones. En mi caso era al revés: personas que en un principio me parecían desagradables acababan siendo íntimos amigos míos y en mi trabajo sucedía algo similar. Con la experiencia, pude darme cuenta de que en cuanto tenía delante de mí a uno de mis "objetivos" enseguida presuponía qué tipo de persona era. El aspecto físico, cómo saludaba, la información previa que tenía… y, sin darme cuenta desde los primeros instantes me hacía una idea de cómo podía ser esta persona. Porque en ocasiones la cara de alguien o su tono de voz te recuerda a alguien que ya conoces y automáticamente le transfieres sus características. Y si el candidato te recuerda a alguien con quien has tenido una mala experiencia y que no es de tu agrado, casi sin hacer nada, el pobre pasa a la sección de rechazados y entonces las preguntas posteriores solo se utilizan para corroborar la idea previa que de manera subjetiva ya te has hecho. Por todo ello me obligué a mi misma a hacer conscientes estos pensamientos desde el principio. Es decir, cuando estaba frente a un objetivo lo primero que hacía era intentar pensar si me recordaba a alguien, sobre todo si me daba cuenta de que desde el principio tenía la sensación de que me caía bien, me dejaba indiferente o no era de mi agrado. El resultado era que, a partir de hacerlo consciente, las preguntas que hacía en adelante en ese momento sí eran mucho más objetivas.

—¿Y cuál es su caso, Sr. Allport?, ¿posee usted muchas alternativas? —pregunté poniéndome a su mismo nivel.

—Pues mire, le voy a ser sincero. En estos momentos estoy solo y no hay ninguna posibilidad que me llame suficientemente la atención. A veces, con las mujeres, el problema no está en poder o no elegir sino en la necesidad que se tiene de mantener una relación.

—Sr. Allport —le interrumpí—, me refería a su vida laboral.

Antes de iniciar una negociación formal, es muy importante considerar las consecuencias potenciales de no llegar a un acuerdo con la otra parte y es necesario establecer las posibles alternativas de solución al proceso negociador al que nos enfrentamos. Es decir, debemos determinar nuestro "MAAN".

El MAAN es la Mejor Alternativa a un Acuerdo

Negociado (en inglés BATNA: Best Alternative to a Negotiated Agreement). El MAAN determina el valor mínimo aceptable para una persona en una negociación. Si las partes no pueden llegar a un acuerdo tendrán que conformarse con su MAAN. En toda negociación se hace por lo tanto necesario ser consciente de tus alternativas y de las alternativas de la otra parte.

Capítulo 9. La parte más ácida

Tras nuestra breve entrevista me llevó hasta la cocina donde me esperaba Sue, cuyos ojos expresaron un profundo alivio al verme. Mi objetivo me despidió con cordialidad y recuerdo el regusto amargo que me dejó la última parte de nuestra conversación. Ese pequeño instante durante tan solo unos segundos, ya que Sue enseguida comenzó a explicarme todas mis responsabilidades y a darme toda la información necesaria para desempeñar "su" puesto a la perfección mientras ella estaba ausente.

El apartamento estaba claramente organizado en tres estancias: una zona de servicio que incluía la cocina, la zona de trabajo y mi habitación, una segunda zona que era la parte social de la casa compuesta por dos salones, una terraza, un bar y una habitación de invitados y la tercera que era la parte privada compuesta por su dormitorio, un pequeño gimnasio y un despacho.

Los horarios eran especialmente rígidos. El Sr.

Allport quería que todo estuviera preparado desde las 7:00 de la mañana. Desayunaba siempre un zumo de naranja natural, pan recién horneado con aceite italiano, una pieza de fruta de temporada y un café que no estuviera excesivamente caliente. La hora de salida hacia el trabajo eran las 7:30. Habitualmente el Sr. Allport no almorzaba en casa y solía regresar hacia las seis de la tarde. En ese momento practicaba una serie de ejercicios de Pilates y se bañaba. Aunque habitualmente cenaba solo, algunos días invitaba a amigos o clientes a visitar su apartamento. En esas ocasiones encargaba la comida en un *catering*. Mi labor consistía en mantener el apartamento tal y como a él le gustaba. Nada debía estar fuera de su sitio y no había que cuestionar ninguna orden. Para cada tarea había un procedimiento escrito que Sue denominaba "el método". En resumen, daba igual lo que tú supieras antes de entrar a trabajar en este apartamento porque aquí las cosas se hacían de una manera determinada, que era la forma demostradamente más eficaz de hacerlas. No innoves, no tengas iniciativa, sigue el método y así no cometerás errores.

Las instrucciones de mi compañera duraron aproximadamente media hora. Hizo especial hincapié en el cumplimiento de las normas, comentándome repetidamente que lo que menos le gustaba al Sr. Allport eran las sorpresas. Esa característica no era en principio un problema para las necesidades de mi clienta siempre que esa necesidad de normas no ocultara una incapacidad para adaptarse, pero tenía que tenerlo en cuenta si mi objetivo era que se convirtiera en el próximo "Sr. Sullivan".

—¿Te queda claro? —me preguntaba Sue con cada nueva información.

—Sí, naturalmente —se me ocurrió responder una de las veces.

—¡De naturalmente nada! —me gritó—. Mira, bonita, yo me estoy jugando mucho. Sé que para ti este trabajo es uno más, pero para mí no. Llevo mucho tiempo sin poder tener vacaciones y necesito que lo hagas perfectamente para poderme ir tranquila.

—Te entiendo, Sue. Y te pido que, ya que vamos a estar conviviendo unos días antes de tu partida, sería mejor que me dijeras lo mismo con una pequeña sonrisa, sin que parezca que estas continuamente enfadada…

En ese momento Sue se frenó y trató de respirar y su cara durante unos instante me pareció algo más relajada, como si los tendones que tensaban sus músculos se aflojaran un poco.

—Tienes razón… Entiendo que a veces resulto brusca y más en aquellas situaciones que siento que me sobrepasan. Al igual que al señor Allport, cualquier imprevisto puede desencadenar mi peor versión y sacar mi parte más ácida. Siento si no he sido muy hospitalaria pero créeme si te digo que para mí es importante que esto funcione. Yo entiendo que no hemos empezado muy bien pero quiero que sepas que desde mi punto de vista cuando empiezas a trabajar en un sitio el cariño, el amor o como lo quieras llamar... no es lo más importante.

—¿Y qué es más importante entonces? —le pregunté.

—Cuando empiezas a trabajar en un lugar nuevo y no tienes mucha experiencia en el puesto lo esencial es que te den la información necesaria para desempeñar tus funciones de un modo correcto. Es necesario aclarar cualquier duda y supervisar desde el principio el trabajo.

—¿Y eso no es falta de confianza? —pregunté pensando en la cantidad de tareas que yo había delegado en las trillizas y que ya casi no controlaba.

—Depende de la situación. Esto que te estoy diciendo no tendría ningún sentido si tú ya hubieras estado aquí y si conocieras a la perfección las normas que rigen esta casa, pero no es el caso. Mira, yo he trabajado en sitios en los que lo primero que te dicen son cosas como *"la puerta de mi despacho estará siempre abierta"*, *"aquí lo importante son las personas"*... y otra serie de estupideces. Cuando entras en un lugar nuevo lo que quieres que te digan es qué tienes que hacer, quién es tu jefe, cuándo puedes ir a tomar un café y dónde está el aseo. De ahí que en estos momentos prefiero informar y resolver cualquier duda antes que darte amor y cariño.

En aquel momento pude entender un poco más a Sue y mirándola me di cuenta de que, pasara lo que pasara con ese caso, había conocido ya a alguien muy especial.

Teoría situacional de liderazgo de Paul Hersey Kenneth Blanchard:

Estos autores construyeron su modelo teniendo en cuenta una variable de contingencia que denominaron "madurez". El líder debe determinar, para elegir su estilo de liderazgo en una situación dada, cuál es el grado de madurez de esas personas en esa misma situación:

> *-M1: Nivel de madurez bajo. Los subordinados son incapaces o incompetentes y les falta confianza, seguridad o interés (por ejemplo una persona nueva en el trabajo).*
> *-M2: Nivel de madurez entre bajo y moderado. No tienen capacidad en lo técnico pero sí en lo motivacional, confianza o seguridad en la tarea.*
> *-M3: Nivel entre moderado y elevado. Sí hay competencia pero no tanta motivación o seguridad.*
> *-M4: Madurez elevada. Hay alta competencia y motivación o confianza.*

Para dirigir estas situaciones el líder debe adoptar un estilo que será el resultante de combinar las dimensiones de orientación a la tarea o a las relaciones:

> *-E1: Dirección o dar órdenes: se dan instrucciones específicas y se controlan enfatizando lo directivo.*
> *-E2: Persuasión: el líder dirige y proporciona apoyo.*
> *-E3: Participación: se comparte la toma de decisiones y el líder facilita y comunica*
> *-E4: Delegación: el líder delega la toma de decisiones y su puesta en práctica.*

Aunque este enfoque sigue gozando de popularidad, ha

recibido críticas en relación con los aspectos conceptuales y el instrumento de medida empleado.

Juan Francisco Sánchez Vázquez, autor del libro: "Liderazgo teorías y aplicaciones".

Capítulo 10. Crema

Tras mi primer día de trabajo como personal de servicio volví al hotel totalmente agotada. No estaba acostumbrada a tener que mover tanto mis músculos superiores y los zapatos ergonómicos me habían dejado destrozada. Tras un baño relajante solo tenía dos cosas en mente: llamar a mi hermano Robert para informarle de la aventura que nuestros padres estaban comenzando y tumbarme en mi cama para dormir y dormir hasta el infinito. Ninguno de los dos planes se cumplieron. Mi hermano me colgó el teléfono, por lo que supuse que estaba en una de esas reuniones maratonianas que como director de desarrollo de personas tenía dentro de su empresa y el despertador de mi móvil empezó a sonar con fuerza a las 5:45. ¡Dios mío!, era horrible esa sensación de saber que el resto del mundo seguía durmiendo y que al sol le quedaban todavía dos horas para dar alguna señal de vida. *"Es inhumano levantarse a estas horas"* pensé.

El inició del segundo día fue como un *déjà vu*: frío y

caras somnolientas en el vagón, paseo hasta el edifico acristalado y llamada temblorosa a la puerta del apartamento. Me recibió Sue, que ese día llegó a expresar una pequeña emoción en su cara al verme. Me indicó cuáles iban a ser mis tareas para ese día y me informó de que el Sr. Allport había salido ya hacia el trabajo por lo que solo le vería a su vuelta. La noticia no me gustó porque suponía que iba a tener menos tiempo para estar con mi objetivo y tendría menos información para tomar una decisión adecuada acerca de él. Como no tenía ninguna posibilidad de cambiar la situación me concentré en mis tareas domésticas, recogí el desayuno que el Sr. Allport había disfrutado en el comedor, ordené algunos documentos y libros que había dejado encima de una de las mesas y empecé con mis labores de planchado.

Según lo que pude ver, el Sr. Allport habitualmente vestía traje gris para ir a trabajar. Las camisas eran todas idénticas, blancas y de un tipo de algodón alemán que en aquel momento hacía las delicias de los ejecutivos, las corbatas lisas y la ropa interior cuidada. Según las instrucción que me dio mi compañera tenía que tener especial cuidado con el planchado de cuellos y puños y dejar toda la ropa ordenada en el vestidor del señor de acuerdo con la planificación semanal que me indicaban. En cuanto al orden de los diferentes objetos me recalcó que no innovara, que dejara todo exactamente como se me había indicado. Y con respecto a los productos de limpieza se me aconsejó utilizar solo agua ya que el Sr. Allport tenía mucha sensibilidad a los olores. Para concluir me indicaron que intentara que el apartamento estuviera lo más ventilado posible aún en detrimento de la temperatura, era necesario que el aire estuviera limpio y que a su regreso no diera la sensación de que la casa había estado habitada durante todo el día. Yo con todas esa premisas no podía más que confirmar el acierto de mis primeras impresiones, pero era una profesional y tenía que tener pruebas suficientes para aceptar o rechazar al candidato.

A las seis y media Sue ya se marchó y me pidió que me quedara un poco más por si el señor quería algo después del trabajo. Cinco minutos después oí un portazo y salí lo antes que pude para recibir a mi objetivo. Para cuando salí de la cocina el Sr. Allport ya se había encerrado en el gimnasio. De pie, en medio del distribuidor, me quedé sin saber qué hacer. En el momento en el que empecé a oír el moviendo de las pesas, las gomas y el resto de máquinas decidí que era mejor esperar y no entrar. Después de tres cuartos de hora el ruido cesó e interpreté que era el momento de llamar a la puerta y preguntarle si necesitaba algo antes de que me fuera. Me acerqué lentamente, con miedo a que la interrupción de los ejercicios físicos fuera únicamente momentánea, no quería romper el ritmo de su entrenamiento y jugarme mi puesto el segundo día de trabajo. Toqué con mis nudillos ligeramente la puerta y pregunté con un suave *"¿Señor Allport, necesita algo?"*, esperando alguna respuesta. No la hubo. Lo volví a intentar golpeando de nuevo la puerta y haciendo la misma pregunta de forma más incisiva. Sólo escuché silencio. Con mucha precaución abrí tímidamente la puerta y volví a preguntar. La sala estaba vacía. En aquel momento se me pasaron por la cabeza miles de posibilidades, cada cual más truculenta. Una parte de mí me pedía que me mantuviera quieta, pero otra me empujaba a ver dónde estaba mi objetivo. Avancé dos o tres pasos y cuando me disponía a volver a preguntar un enorme gemido empezó a resonar por toda la habitación.

¡No sabía qué hacer!, parecía que las ventanas iban a estallar de la intensidad del grito de placer que resonó en toda la sala. En un primer instante me quedé paralizada, pero un segundo después pude reconocer al autor del gemido. Prince jadeaba con los New Power Generation la canción *"Cream"* y me vino a la cabeza la imagen de esas impresionantes modelos contoneándose alrededor del genio de Minneapolis. De repente el Sr. Allport, sin nada de ropa salvo en sus pies, salió del despacho desde donde ponía la música y deslizándose sobre su calcetines se sitúo en medio de la sala. El volumen de la canción y la emoción que ponía en la coreografía le impidió percatarse de mi presencia. Delante de mí empezó a realizar una demostración de cómo las viejas glorias de los ochenta seguían vivas: se puso frente al espejo y señalándose a sí mismo se cantaba aquello de *"baby, you're the best"*, giraba su cabeza a izquierda y derecha como posando para los miles de periodistas que le estaban fotografiando y miraba hacía arriba cuando sabía que al artista le tocaba cantar lo de *"mira hacia arriba en el aire, es tu guitarra"*. En el momento en el que el Sr. Allport se dio la vuelta simulando hacer un punteo con la mítica *"Cloud Guitar"* pude realizar el mejor examen físico que nunca había realizado a uno de mis objetivos. Resultado del examen: notable alto. Consecuencia directa: grito de asombro por ambas partes, disculpas reiteradas, intento de tapar parte de su cuerpo y, por mi parte, retirada inmediata.

Capítulo 11. Tres ingredientes en su justa proporción

Era tarde y el sol se había vuelto a ocultar. Todas las horas de luz las había pasado dentro del apartamento. Aunque tenía una necesidad imperiosa de salir, necesitaba dar explicaciones al Sr. Allport después de nuestro último encuentro. Éste, tras ducharse y ponerse ropa cómoda, me invitó a que me sentara con él en uno de lo salones.

—Siento mucho lo sucedido —fue lo primero que dijo.

Yo sonreí.

—Cuando llegué a casa pensaba que no había nadie y, bueno..., después de un día de trabajo intento desfogarme haciendo ejercicio y...

—Y cantando —le ayudé.

—Sí, cantando. Y por favor, en futuras ocasiones no

entre nunca en una habitación que está cerrada, será mejor para los dos —me dijo en un tono serio pero conciliador.

—¿Desde cuándo le gusta Prince?

—Me gustan algunas de sus canciones. Durante unos años compraba todos sus discos, pero le dio una temporada por sacarlos como si en vez de compositor estuviera trabajando en una cadena de producción y ya lo dejé de lado. De vez en cuando me gusta rescatar esas viejas glorias y disfruto imitándoles en sus *videoclips*... Eran fantásticos, ¿no cree?

Yo le sonreí y él se levantó del sofá y se dirigió al bar, desde donde escuché llegar el sonido de alguna botella y de lo que parecían hielos. Abrió algún refresco y cogió un limón y un cuchillo. Antes de volver al salón me preguntó si me apetecía un Gin Tonic. Aunque habría dado un brazo por tomarme uno en aquel momento no me pareció apropiado. Se volvió a sentar a mi lado y, devolviéndome la sonrisa que había exhibido yo cuando recordaba los vídeos de los ochenta, me dijo:

—Bueno, como usted ya ha obtenido de manera accidental bastante información sobre mí ¿qué le parece si me cuenta usted algo y así equilibramos la balanza?

—Sr. Allport, mientras no me haga salir como Madonna bailando "*Vogue*", por mi parte no habrá ningún problema. ¿Qué quiere saber sobre mí.

—Pues no sé... Sus experiencias, esos otros trabajos,

sus expectativas o qué hace cuando está fuera de este apartamento, por ejemplo.

Ése era uno de los momentos en los que se veía quién era una verdadera profesional. Las trillizas me había suministrado toda la información previa necesaria al encuentro, pero era entonces cuando tenía que transmitir una historia coherente que hiciera que mi objetivo confiase en mí y me permitiera obtener aún más información de la que ya poseía. Le expliqué los estudios que supuestamente había realizado y cómo había empezado a trabajar antes de lo previsto por culpa de unas hipotéticas dificultades económicas que mi familia había sufrido. Inventé que era hija única para simplificar la historia y para castigar a mi hermano por no haberse dignado a devolverme la llamada durante todo el día y le hablé de mis experiencias en casas suficientemente alejadas de su área de conocimiento para no provocar preguntas de difícil respuesta. Él, contrariamente a lo que yo esperaba, permaneció atento a mis explicaciones y me hizo varias preguntas interesándose por mi punto de vista y mis vivencias. Tras media hora de conversación terminó su bebida y se levantó para prepararse otra. Ante su insistencia accedí a tomar una copa. Trajo a la mesa del salón dos copas repletas de hielo y se dispuso a verter generosamente en ellas ginebra Oxley y dos botellitas de Q-tonic. Ante mi cara de asombro al no reconocer ninguna de las dos marcas me comentó que esa ginebra tenía una técnica de destilado en frío que la diferenciaba de las demás y que la tónica, que incluía quinina de los Andes peruanos y agave orgánico de los campos de México, tenía además un 60% menos de calorías y le permitía tomarse dos sin provocarle excesivo sentimiento de culpa.

—Y dígame, ¿dónde espera terminar trabajando? Porque ya sabe que esto es temporal —me preguntó mientras me acercaba el *Gin Tonic* que mi estómago esperaba ya desde hace tiempo.

—Para mí sería perfecto encontrar un lugar que me ofreciera cierta estabilidad para poder retomar mis estudios y así dedicarme a lo que realmente me apasiona —le dije.

—¿Y se puede saber qué es eso que tanto le gusta?

En aquel momento pensé en algo que realmente me fascinaba, aunque no tanto para producirlo sino para comprarlo.

—Diseñar zapatos —contesté.

El Sr. Allport miró directamente los zapatos ergonómicos que me habían proporcionado las trillizas para la misión.

—Mire, para mí sería un sueño poder crear algo diferente y ver que una de mis creaciones sea llevada por una de esas mujeres maravillosas…

Durante unos minutos le estuve dando todo tipo de datos en relación con las tendencias que en ese momento imperaban, los materiales que conocía y los diseñadores que me fascinaban. Le comenté los supuestos planes de alquilar un pequeño taller para poder desde allí distribuir mis creaciones por todo el mundo. Cuanto más le hablaba, el Sr. Allport me miraba con mayor atención. A cada idea que le planteaba, él me respondía abriendo sus ojos y asintiendo con su cabeza. Durante unos instantes creo que me creí mi propio papel y creo que mi objetivo también.

—Me está mirando con asombro, Sr. Allport. ¿No cree que sea posible, verdad? Soy una estúpida…

—No, por favor, ni mucho menos. Al contrario, ese entusiasmo que pone en todo lo que está contando es lo que nunca tiene que perder —respondió—. Mire, para mí el trabajo y el amor son como esta copa de Gin Tonic.

El Sr. Allport cogió su copa y dio un sorbo. Yo aproveché para acompañarle. Sabía que en ese momento iba a obtener información valiosa acerca de mi objetivo.

—La ginebra —continuó— nos proporciona el ingrediente básico que es la intimidad, mientras que la tónica aporta la pasión y el hielo el compromiso. Estos tres elementos juntos en su proporción adecuada forman la maravillosa experiencia de querer lo que estamos haciendo…

Yo, sin dejar la copa en la mesa, le hice un sutil gesto indicándole que no había llegado a entender el paralelismo.

—Es muy sencillo —continuó— escúcheme. La intimidad se refiere al sentimiento de querer estar con la otra persona, de crear un vínculo, una unión con ella y tener un espacio que poder compartir. En el trabajo se ven claramente los sentimientos que surgen dentro de los equipos cohesionados: son felices trabajando juntos, se respetan, saben que pueden contar los unos con los otros, se comunican y se valoran positivamente. El segundo ingrediente, la pasión, se refiere a todo nuestro mundo de deseos y necesidades, a las "ganas" con las que hacemos las cosas, al "hambre que tenemos". Y la última, el compromiso, es la decisión que tomamos de permanecer juntos, el acuerdo que hacemos con la otra parte en el que determinamos la duración y el modo de nuestra relación.

—Pero en el amor no siempre se dan los tres ingredientes… y en el trabajo tampoco.

—Claro, por eso lo importante es la proporción de cada uno. Si solo existe intimidad en la pareja solo hay cariño y lo mismo sucede en el trabajo: cuando en tu empresa solo tienes este ingrediente tienes un espacio perfecto para comunicarte y para sentirte querido pero nada más. Si el ingrediente que predomina es la pasión es como si estuviéramos siempre subidos con nuestra pareja a una montaña rusa y en nuestro trabajo siempre entusiasmados con todo lo que hacemos… Resultaría agotador ¿verdad?

—¿Y si solo hay compromiso? —pregunté.

—A eso le llamo "el amor vacío" o "el trabajador inerte". No hay complicidad, no hay comunicación, no hay deseo… solo un acuerdo de seguir juntos mucho, mucho,

mucho tiempo.

—Y usted ¿tiene los tres ingredientes?

El Sr. Allport miró su vaso que ya estaba vacío, solo los restos de algún cubito de hielo jugueteaban en él. Siguió mirándolo atentamente y dijo:

—Yo llevo mucho tiempo solo y creo que ahora me resultaría difícil cambiar, me he acostumbrado a hacer y deshacer a mi antojo. Usted ya me va conociendo y ve que las rarezas de una persona cuando no comparte su vida con otra persona, aumentan. Es como si no tuviéramos diques y nuestras obsesiones camparan a sus anchas. Sabemos que no es bueno pero en el fondo no queremos renunciar a la libertad que nos proporciona vivir de este modo. La intimidad la guardo para mis amistades, la pasión para mis hobbies y el compromiso lo tengo conmigo mismo…

—Sr. Allport —le interrumpí—, me refería… a su vida laboral.

Robert. J Sternberg describió en los años 80 los tres componentes básicos del amor en su famoso libro "El triangulo del amor": intimidad, pasión y compromiso.

La intimidad incluye elementos como el deseo de promover el bienestar de la persona amada, el sentimiento de felicidad, el respeto por el otro, el entendimiento mutuo, comunicación y la valoración de la persona amada entre otros.

La pasión incluye aquello a lo que Elaine Hatfield y William Walster llaman "estado de intenso deseo de unión con el otro".

El componente decisión-compromiso del amor consiste en dos aspectos (uno a corto plazo y otro a largo plazo). El aspecto a corto plazo es la decisión de amar a la otra persona, mientras que el de largo plazo es el compromiso por mantener ese amor.

Capítulo 12. Un postre inesperado

El tercer día de trabajo ya tenía la decisión tomada. Podía escabullirme y desaparecer pero ése no era ni mi estilo ni el de mi empresa. Nunca sabemos cuándo vamos a necesitar otra vez a un posible objetivo.

El día despertó igual de oscuro que los anteriores pero se fue aclarando a medida que se sucedían las horas. El Royal Liver Building se podía ver desde las ventanas del apartamento y el sol facilitaba la apertura de ventanas y la ventilación constante. Aquel día no había mucha cantidad de ropa para planchar y Sue y yo aprovechamos para limpiar los cristales hasta donde nuestras manos y nuestras herramientas de limpieza nos permitían.

A las 12:00 el Sr. Allport envió un mensaje indicando que llevaría esa noche a un grupo de amigos a cenar. En total serían cinco personas, especificaba qué tipo y qué cantidad de comida debíamos reservar a la empresa de *catering* con la que solíamos trabajar y recordaba que tuviéramos suficientes botellas de ginebra porque "sorprendentemente" la noche anterior había hecho un uso excesivo de las que había. Sue me miró sorprendida al leer el mensaje pero rápidamente paso a la acción y empezó a realizar las gestiones oportunas.

A las 19:30 todo estaba preparado. Los invitados llegaron prácticamente todos a la vez. A medida que iban entrando nos daban sus abrigos y, prácticamente sin mirarnos, entraban directamente al salón. Era evidente que conocían perfectamente el apartamento. El Sr. Allport esbozó una ligera sonrisa de complicidad al verme pero enseguida se concentró en sus invitados. Antes de cenar se dirigieron todos al bar y estuvieron tomando una copa para ir calentando motores. El sonido de los hielos y los vasos me hizo recordar el maravilloso sabor del gin tonic de la última noche y la fructífera conversación que pude mantener con mi objetivo. Mirándolo en la distancia la idea de las trillizas de infiltrarme en la casa del posible hombre ideal no había sido tan mala. En relativamente poco tiempo había conocido con bastante exactitud el modo de comportarse del Sr. Allport.

Después de un largo rato bebiendo y riéndose los invitados fueron acercándose al comedor. En la mesa les esperaban una gran cantidad de especialidades hindúes: samosas de verduras, pakoras, rollitos de queso, croquetas de espinacas y un completo surtido de naans, que es un pan de harina de trigo preparado al tandoor. Los cinco estuvieron comiendo y bebiendo prácticamente sin parar.

De vez en cuando nos llamaban para reponer agua o para limpiar algo que se había caído. La conversación entre ellos era tan animada que me tentó la posibilidad de descubrir mi verdadera identidad para unirme a ellos y así poder disfrutar de una cena agradable entre gente interesante. Tras dos horas de espera y viendo que el acontecimiento iba para largo Sue se despidió indicándome, como venía siendo habitual, que me quedara por si necesitaban algo.

Como el Sr. Allport y sus invitados se autoabastecían me recluí en la cocina y esperé en una de las sillas. El sonido de una pequeña televisión que estaba colocada en una de las esquinas disimulada perfectamente como un cuadro de decoración, se mezclaba con el bullicio que se escuchaba en el comedor. Sin nada más que hacer y muerta del cansancio empecé a sentir cómo me dolían todos los músculos de mi cuerpo. Realmente no estaba acostumbrada ni a limpiar los cristales de la casa ni a servir cenas sin disfrutarlas después. Tranquilamente me fui reclinando en la silla y empecé a fijarme en la distribución de la cocina, que estaba perfectamente ordenada. En la parte izquierda los utensilios de cocina estratégicamente colocados decoraban una parte de la pared, en el centro unos enormes frascos con especias y legumbres estaban exquisitamente alineados y en la parte derecha las tazas para el té estaban colocadas cada una junto a su platillo correspondiente. Para el Sr. Allport cada cosa tenía una utilidad y no era conveniente realizar cambios. Tanto orden y simetría me resultaba predecible y se apoderó de mí.

En una especie de duermevela me fueron asaltando imágenes aparentemente inconexas: mi coche con alfombrillas de lana, un grupo de gente que no conocía de nada comiéndose unos bombones, un barco enorme sin tripulante que atravesaba una ciudad saltándose todos los semáforos en rojo, una maleta en la que solo había trajes de camarera y un sonido agudo de fondo. Me veía correr por un pasillo con ventanas en ambas paredes. Tras ellas un grupo de personas dormían en lo que parecía el vagón de un tren. El sonido agudo de fondo cada vez era más intenso, no supe de dónde procedía hasta que uno de los viajeros me miró fijamente y señaló una palanca de parada de emergencia que estaba justo detrás de mí. Me acercaba a ella y cuando estaba a punto de accionarla ¡pum!.

El fuerte golpe de mi teléfono cayendo al suelo me despertó de repente. Me incorporé en la silla sin saber exactamente cuánto tiempo había estado dormida. Encontré el móvil junto a mis pies y vi la foto de mi hermano en la pantalla. Pulsé la tecla de aceptar la llamada y el sonido agudo cesó.

—Robert, ¿qué tal estas? —pregunté mientras volvía del inframundo.

—¿Estabas dormida?

—No, bueno… sí. Hace un segundo estaba en una especie de tren pero ahora vuelvo a estar aquí.

—¿Aquí, dónde?

—En el apartamento del Sr. Allport —dije sin darme cuenta de que mi hermano no tenía ni idea de que me pillaba en medio de una misión.

—¿Qué pasa, hermanita, al final has encontrado a alguien que te aguante? —preguntó con su sarcasmo habitual.

—No seas idiota, estoy trabajando. Me he infiltrado en una casa haciéndome pasar por personal del servicio para poder hacer el examen a mi objetivo.

—¡Vaya, vaya! Eso es crecer profesionalmente y lo demás son tonterías ¿Y cuál va a ser la próxima, de cuidadora en algún geriátrico?

—No sé para qué te cuento nada si siempre me acabas tomando el pelo —le corté para que no se saciara con el filón que le había proporcionado.

—Anda, cuéntame, que si me llamas es que ha pasado algo malo o al menos inesperado.

Yo, conociendo a mi hermano, fui directamente al grano. Robert es director de Recursos Humanos de una importante firma y está acostumbrado a tratar conflictos de muy diferente índole. En sus negociaciones siempre tenía un estilo directo que asombraba al adversario y hacía que cualquier otra estrategia más lenta perdiera su efecto y solía conseguir acuerdos en un tiempo récord. Por lo tanto, le planteé la aventura de mis padres de una manera directa. Él, con su tendencia de siempre a no dar demasiada importancia a las cosas, me recomendó que me tranquilizara afirmando que como mucho perderíamos parte de la herencia y que, viendo el lado positivo de las cosas, si los dos naufragaran además heredaríamos antes. Ese razonamiento me hizo reír y yo misma noté que hacía mucho que no me reía a gusto con alguien. Con mi hermano nunca he tenido una relación muy frecuente pero todos los años que nos pasamos pegándonos el uno al otro, escondiéndonos cosas o encerrándonos mutuamente en la despensa habían hecho que entre los dos hubiera muchísima complicidad. Y Robert percibió en mi risa unas pequeñas dosis de tristeza.

—Mar, ¿estás bien? —me preguntó.

—Sí, claro.

Esperó unos segundos y, cambiando de tono, repitió:

—Mar, ¿estás bien?

Sin darme cuenta empecé a llorar. Las lágrimas salían a borbotones de mis ojos sin dejarme tiempo para tomar aire. Tuve la sensación de haber estado conteniéndome durante muchísimo tiempo y de necesitar una pregunta como esa para explotar.

—¿Qué pasa, hermanita?

Continué llorando un rato, hasta que el oxígeno poco a poco fue entrando en mis pulmones con normalidad. Me sequé las lágrimas de las mejillas con los puños y me soné la nariz con un trozo de papel de cocina que tenía junto a mí.

—Lo siento, Robert, no sé qué es lo que me ha pasado. Serán los años que he cumplido —*y que no te has acordado*, pensé—, será lo del viaje en barco de nuestros padres o el trabajo, ¿qué sé yo?

—Mar, lo de tus años no tiene remedio —respondió sin miramientos— y eso que te sigues conservando muy bien. Respecto a nuestros padres ¿qué quieres que te diga? Ya son mayorcitos y ya saben lo que hacen y si se quieren confundir, que lo hagan. Total, para los años que les quedan… Pero lo de tu trabajo no lo entiendo, siempre has estado tan feliz en él… ¿Qué pasa?

—Ya lo sé, Robert. Ya sé que siempre he dicho que éste es el trabajo de mi vida, pero ahora no lo tengo tan claro

—¿Qué es lo que no ves claro?

Pensé unos instantes y empecé a verbalizar lo que tenía en mi cabeza desde hacía ya algún tiempo.

—Yo sé que soy muy buena en lo que hago, las clientas están muy satisfechas con el servicio que les proporcionamos y la empresa va como un tiro pero es que…no sé si me gusta —lancé el pensamiento como si estuviera vomitando una verdad que me ardía por dentro.

—Vamos, que eres buena en tu trabajo pero ya no te gusta —concluyó.

—Por favor, no empieces a utilizar conmigo técnicas de reformulación, quiero hablar con Robert mi hermano no con Robert el especialista en Recursos Humanos…

—¿Y yo puedo hablar ahora con la *Doctora Deseo?* —me preguntó.

—Sabes que odio que te refieras a mí de ese modo —dije, siendo igual de directa que él.

—Pues lo voy a seguir haciendo. Yo te voy a hablar desde mi mundo y tú me respondes desde el tuyo.

—¿Y así pretendes ayudarme? —le cuestioné sin saber la que venía encima.

—Confía, hermanita, confía. ¿Estás preparada?

Yo afirmé con un leve sonido.

—De acuerdo, ahora tócate tu punto G —dijo así, sin más, desde el otro lado del teléfono.

—Pero, ¡¿estás loco?! —le grité.

—Tú hazme caso, ¿cuál es esa parte de ti que te vuelve loca?

Enseguida pensé en mi nuca y tímidamente coloqué mi mano sobre ella.

—Vale, ¿tú crees que todas las personas saben dónde tienen su punto G?, ¿crees que todas las personas saben qué es lo que les gusta?

—Supongo —respondí.

—¿Y todos lo tenemos en mismo sitio? —volvió al ataque rápidamente.

—Claro que no, hay gente muy rara.

—Mira, Mar, no somos tan genuinos como pensamos. Es verdad que siempre hay alguien que se sale de la norma, pero habitualmente hay zonas que nos gustan a todos. Pero voy más allá, ¿siempre te ha gustado lo mismo o ha ido cambiando?, ¿lo que te gustaba cuando tenías 20 años es lo mismo que ahora con…cuarenta?

—Gracias por recordármelo —contesté—. Claro que no es lo mismo, cuando eres más joven pides unas cosas y a medida que va pasando el tiempo vas necesitando otras.

—Pues con la motivación en tu trabajo pasa lo mismo. Es como el punto G, del que todo el mundo habla sin que se sepa a ciencia cierta si existe o no. Además tú eres la que mejor sabe qué es lo que te gusta y está claro que aquellas cosas que te encendían cuando tenías veinte años ahora te dejarían helada. Mar, tú tienes que saber qué es lo que te mueve y, si ha cambiado o evolucionado, adelante, acéptalo y toma decisiones.

Pensé durante unos segundos. Mi hermano, además de directo y sarcástico, tenía la capacidad de decirte las cosas de una manera que te invitaba por lo menos a cuestionarte.

—¿Y tú qué me planteas? —pregunté con tono serio.

—Mar, cuando has tenido pareja… ¿cómo le has comunicado qué es lo que te gusta?

—Pues diciéndoselo.

—Puede ser. Pero a veces, incluso con alguien con quien tenemos muchísima confianza, hablar de estas cosas nos da vergüenza. A veccs utilizamos métodos más sutiles, le dirigimos o con nuestras respuestas le vamos indicando.

—¿Respuestas?

—Respuestas, gemidos, susurros…, cualquier pista que indique a la otra persona qué es lo que te gusta. Con tu trabajo pasa los mismo: admite el cambio, identifica qué es lo que te mueve y dilo. De un modo directo si es posible y si no de un modo más sutil —sugirió.

—Perfecto, hermanito. Ya sé que voy a hacer mañana: voy a ir a la oficina y mientras me toco la nunca voy a empezar a gemir a ver si así captan la indirecta. "¡Así, así, cómo me gusta!. ¡Sigue!, ¡sigue!..."

De repente oí un murmullo detrás de mí. Me di la vuelta, quité la mano de detrás de mi cabeza y cerré la boca. El Sr. Allport y sus invitados estaban atónitos. Parecía que los cinco acababan de entrar, pero fue el tiempo suficiente para haberme visto hacer un ridículo espantoso. Durante unos segundos la cocina permaneció casi en silencio, solo se oía a Robert preguntando desde el teléfono qué pasaba. Sin pensar muy bien lo que decía, intenté aclarar la situación:

—Lo siento, Sr. Allport. Es mi hermano que me está enseñando…

Los ojos del Señor se entornaron, indicándome que era mejor no seguir por esa línea de argumentación.

—Discúlpeme, por favor. ¿Necesitan algo? —pregunté mientras me incorporaba.

—Nada, muchas gracias. Mis amigos ya se van y usted también puede marcharse.

El Sr. Allport hizo un gesto indicando a sus invitados que el espectáculo había terminado. Cuando ya estaban todos dándome la espalda, se acercó sutilmente hacia mí y me dijo al oído:

—Ahora estamos empatados.

Y, acordándose de su numerito musical, sonrió.

El punto G fue nombrado así en honor del ginecólogo alemán Ernst Gräfenberg quien dijo haber descubierto la zona en los 1950.

Una nueva investigación llevada a cabo por científicos de la Universidad de Yale, Estados Unidos, afirma que no encontró evidencia "consistente" de que esta zona exista.

Tal como señalan los investigadores en Journal of Sexual Medicine (Revista de Medicina Sexual) podría ser que no se han llevado a cabo estudios más precisos en búsqueda de esta zona erógena femenina.

A pesar de la controversia, sí que se puede afirmar la existencia de zonas del cuerpo humano (no exclusivamente los órganos genitales) que presentan una mayor sensibilidad y cuyo estímulo tiene como finalidad y resultado activar sexualmente a una persona. Distintas zonas del cuerpo pueden resultar más o menos erógenas en cada persona, es decir, hay en este sentido grandes diferencias individuales.

Capítulo 13. Gotas de agua fría

Era la última vez que cogía ese tren de vuelta al hotel. Una sensación de tristeza se asomaba con cada luz de farola que se reflejaba en mi ventanilla. Las personas que tenía a mi alrededor eran ajenas a todo lo que mi cuerpo estaba sintiendo en esos momentos. Era como ser consciente de todo el mundo de experiencias que gracias a mi trabajo era capaz de vivir y que me distinguían de todas aquellas personas. He conocido trabajos rutinarios que obligan a las personas que los desempeñan a abstraerse el máximo posible de ellos para poder hacer soportable su situación. Mi trabajo, en cambio, suponía ya en sí un gran aliciente. Ningún día se parecía mucho a otro y estabas continuamente aprendiendo. Las estrategias que con una misión eran válidas, con otra se quedaban desfasadas. Cada objetivo tenía un interés en sí mismo y cada clienta para mí era en ese momento la más importante. Pero a veces la pasión con la que haces tu trabajo no es suficiente. En ocasiones una persona que *a priori* podría resultar perfecta, después de conocerla resulta no ser el hombre ideal. Yo era consciente que aquella misión era muy importante, la clienta lo había pagado y esto exigía de mí una mayor dedicación y una reducción al mínimo de los posibles errores de mi elección.

El Sr. Allport era una persona perfeccionista, que se había impuesto a sí mismo un orden exterior, posiblemente para calmar el tremendo desorden que vivía dentro de él. Cuando las normas se hacen tan presentes que llegan a ahogar la capacidad de vivir es el momento de decidir entre el hábito y la vida. El Sr. Allport tenía una vida perfectamente organizada, sabía dónde colocar su corazón y cómo preservarlo de posibles amenazas. Pero durante los tres días que estuve trabajando en su casa me di cuenta de que no sabía amar y que por tanto iba a ser imposible que lo seleccionara para mi clienta. En esta ocasión las primeras impresiones se cumplieron pero también es verdad que pude ver también atisbos de generosidad en él. Qué pena no tener el tiempo suficiente para enseñarle lo maravilloso de abrirse a los demás y de dejarse descansar en la otra persona. Si esta misión no fuera tan urgente, tal vez le habría enseñado algunas técnicas para dejar de controlarlo todo, hasta su corazón.

Mi ética profesional me obligaba a cerrar siempre las fases de cada misión de un modo correcto y casi impecable, diría yo. El objetivo era que las personas que habían estado involucradas, sin quererlo, dentro de uno de mis trabajos sintieran la menor repercusión posible. En el caso del Sr.

Allport la despedida fue sutil, muy sutil. No fueron necesarias grandes explicaciones y prácticamente todo se dio por supuesto. Los dos sabíamos mucho más de lo que expresamos. Cuando sus amigos se fueron, después del espectáculo que protagonicé con la llamada de mi hermano, intenté tardar el menor tiempo posible en cambiarme y recoger lo que quedaba de la cena. Escribí una pequeña carta dirigida a Sue en la que le pedía que me perdonara y en la que le deseaba muchísima suerte con su siguiente sustituta. Una llamada a la agencia de las trillizas haría que rápidamente otra candidata estuviera disponible para el día siguiente con las instrucciones sabidas. Una vez escrita la guardé en uno de los cajones que diariamente sabía que abría buscando sus utensilios preferidos de limpieza. Cuando terminé de prepararme me acerqué a la puerta de salida. Durante unos instantes dudé si comunicarle directamente al Sr. Allport mi decisión o hacerle una llamada de cortesía al día siguiente argumentando alguna excusa. El instante de duda duró poco porque cuando fui a abrir la puerta, oí la pregunta detrás de mí.

—¿Se va? —me preguntó El Sr. Allport apoyado junto a la puerta del comedor.

Me giré tímidamente, le miré a los ojos y con cariño le dije:

—Sí, ya es tarde. Buenas noches, que duerma usted bien.

El Sr. Allport se quedó unos segundos en silencio y

después, con una ligera sonrisa, me preguntó:

—¿No va a volver ,verdad?

En aquel momento me sentí desnuda. Era como si el espectador de mi película hubiera descubierto un fallo en el guión. Yo sabía que no era momento de seguir mintiendo.

—No, señor, no voy a volver —respondí.

—Solo me gustaría hacerle una última pregunta.

—Claro —le dije.

—¿Usted había planchado alguna vez antes de venir a esta casa?

Sonreí y cerré la puerta. Las luces de las farolas se multiplicaban con el agua de la ventanilla. Llovía y las gotas de agua fría hacían carreras unas contra otras en el cristal. Detrás, dejaba Gore Street y el Royal Liver. El primer candidato no había sido seleccionado, tenía que seguir trabajando. Al siguiente día comenzaría una nueva búsqueda.

Capítulo 14. El aire del lujo de las colinas

—Nombre: Edward Kelly.

—Edad: 42 años.

—Estado civil: divorciado.

—Profesión: Socio director del Hotel&Spa Lefia.

—Características físicas: 1 metro 85cm de estatura, complexión atlética, moreno, con ojos verdes.

—Personalidad (según testimonios recogidos): persona afable y comunicativa, con facilidad para las relaciones sociales y para liderar mediante la persuasión y el acuerdo con las otras partes, predisposición a ponerse fácilmente en el punto de vista del otro y alta importancia a sus valores personales.

—Intereses: Lectura tradicional china, viajar a países exóticos y todo tipo de deportes.

A priori mi segundo candidato era una muy buena opción. Tal vez el estado civil y sobre todo que tuviera hijos de una relación anterior podrían suponer una dificultad añadida pero parece ser que la edad de éstos y el tiempo transcurrido desde la ruptura indicaban que nuestro hombre estaba preparado para rehacer su vida.

Los tres días ya invertidos en la búsqueda hacían que la presión que sentía para encontrar a la persona ideal de la Sra. Sullivan fuera en aumento. Cuando los plazos se iban acortando y el resultado todavía no era visible, mi nerviosismo se solía traducir en un extra de acción y concentración. Las trillizas, en cambio, solían pasar al lado oscuro de la desesperación.

—Hola, chicas —dije nada más cogieron mi llamada.

—¡Mar!, ¿qué ha pasado? —gritaron las tres al unísono.

Yo intenté tranquilizarlas. Les expliqué que nuestro primer candidato no estaba preparado para tener una relación y que la probabilidad de error era alta. Para calmarlas les indiqué que ya iba camino del segundo candidato siguiendo las instrucciones que me habían proporcionado en el dossier y que todo estaba bajo control.

-¡No digas eso, Mar! Cada vez que dices eso ocurre un desastre. Deja el control para nosotras y dedícate a hacer el encuentro y a conseguir que el Sr. Kelly nos abra su corazón.

Tenían razón cuando decían que su sistema de alerta se activaba cada vez que yo presumía de tenerlo todo controlado. Tantos años trabajando juntas hacían que nuestras miserias y fantasmas fueran totalmente visibles y que sin nada de pudor nos apuntáramos nuestros errores las unas a las otras. En el trabajo sucede como con la familia: la confianza hace que la crítica no tenga ninguna barrera de contención. De ahí que las personas que más amamos y con las que más convivimos son frecuentemente las personas con las que somos más directos. Donde hay confianza ya se sabe…

—Bueno, preciosas, espero no tenerme que disfrazar en esta ocasión de azafata o algo peor. Espero por vuestro bien que mi coartada sea elegante y de alto estatus —les dije recordando el uniforme negro y los zapatos ergonómicos que me habían preparado.

—Te aseguramos que de alto estatus es —y cambiaron de tema antes de que pudiera volver a preguntar—. A propósito, resérvate el próximo miércoles por la noche porque ¿a que no adivinas a quién quieren hacer una entrevista en el Show de Graham Norton en horario de máxima audiencia?

Un grito ensordecedor hizo que me tuviera que separar de mi teléfono para no sentir mi tímpano taladrado por su entusiasmo.

—Pero... ¿cómo lo habéis conseguido? — pregunté sin dar crédito todavía a lo que había escuchado— y... ¿en qué va a consistir la entrevista?

—Mar, céntrate en la misión que nosotras nos encargaremos de que alguien te recoja y te lleve directamente a los estudios de televisión el miércoles.

—Pero…¿tengo que preparar algo antes?

—Que te centres, nosotras nos encargaremos de todo.

—De acuerdo, me centro. ¿Hay algo más que me debáis contar en relación con el segundo candidato?

La llamada se cortó.

El viaje hasta el Hotel&Spa Lefia fue largo pero agradable. Mi intención era llegar para la hora del almuerzo y poder hacer un análisis de la situación lo antes posible. Teniendo en cuenta que mi objetivo era el director necesitaría una estrategia convincente en el primer contacto. En el trayecto los medios que se me fueron ocurriendo para poder conocerlo implicaban accidentes fortuitos, alguna reclamación salida de tono o un ahogamiento fortuito en la piscina para necesitar como único tratamiento una conversación con el máximo responsable del establecimiento. Todas las deseché. Necesitaba un medio más positivo para acercarme a él. Ensimismada en mis pensamientos no me di cuenta de que estábamos a punto de llegar hasta que el coche hizo un giro brusco a la derecha.

El hotel estaba situado en un lugar fabuloso. Rodeado de unos jardines perfectamente ornamentados y ubicado en una colina. La construcción, moderna pero cálida a la vez, proporcionaba una agradable sensación de tranquilidad y sosiego. Nada más llegar uno de los botones se acercó para abrirme la puerta y saludarme con una agradable sonrisa. Un primer vistazo a la zona de aparcamiento me confirmó lo que las trillizas me habían dicho durante nuestra llamada telefónica: un Aston Martin DB5, un Jaguar tipo E, un increíble Lotus Elipse... Respiré profundamente dejando que el aroma del lujo entrara en mi cuerpo. Por fin iba a poder disfrutar de un ambiente en el que me sentía cómoda.

Esperé a que me trajeran mi equipaje de mano y entré en el hall. Las vistas desde allí eran formidables y la combinación entre el frío exterior y la calidez de los interiores te hacía sentir como en casa. Me acerqué a la recepción y allí me atendió una mujer especialmente amable. Encontró enseguida la reserva que habían hecho a mi nombre y me dio explicaciones sobre el hotel:

—Bienvenida al centro turístico Hotel&Spa Lefia, señora. Disponemos de tres piscinas interiores de agua proveniente de manantial, un lago salado al 10%, cinco tipos de sauna y diversas fuentes de hielo picado. Los comedores y el piano bar se encuentran en la parte de la derecha. Su habitación, la Suite Mauricio, está en la tercera planta. Si necesita cualquier cosa durante su estancia, por favor, llame a recepción y le atenderemos directamente.

—Muchas gracias —le dije devolviéndole la misma amabilidad . Y pensando que ya había terminado nuestra conversación me dispuse a dirigirme a mi habitación.

—Disculpe, señora —me llamó la recepcionista—. Se me había olvidado indicarle que dentro de una hora podrá usted hacer la prueba de esfuerzo.

—¿Prueba de esfuerzo?

—Sí. Dentro del paquete que usted ha reservado, el *"Wellbeing plus"*, debe someterse a una primera prueba de esfuerzo y a una entrevista con nuestro director médico para que le podamos diseñar un plan de acción personalizado.

—¿Un plan de acción?, ¿para qué?

—Para adelgazar los quince kilos que nos indicó como objetivo en su carta, por supuesto.

Sentí cómo una losa caía encima mía. Empecé a mirar a mi alrededor y me di cuenta que estaba rodeada de señoras. Señoras ricas y gordas, muy gordas. Entendí entonces por qué las trillizas no habían querido darme más explicaciones. El entorno era de lujo y alto estatus pero para conseguir mi objetivo iba a tener que sudar y dejar algún kilito en el intento.

Capítulo 15. Un sándwich del tamaño de un dedo

En la sala no había nadie. Yo permanecía sentada e iba enfundada en unas mallas que te proporcionaba el hotel y que hacían que los *"poquitos"* kilos de más que transportaba relucieran en todo su esplendor. Delante de mí una de esas horribles básculas que pesan siempre más que la que tienes en tu apartamento. Junto a la ventana un cinta eléctrica de correr. A mi derecha una mesa con una serie de cables de colores. Las tres cosas juntas me parecieron en aquel momento una verdadera máquina de tortura.

—Buenos días —me saludó un hombre con bata blanca en cuanto entró en la sala.

—Buenos días —le respondí.

—Soy el doctor Edward Kelly.

—¡¿No me diga?! —exclamé con una inmensa alegría, sin percatarme de la efusividad que había expresado al darme cuenta de que el primer contacto había sido mucho más fácil de lo esperado.

—Me alegro de causar ese efecto —respondió, con una mezcla entre alegría y asombro—. Bueno, en primer lugar me gustaría darle la bienvenida a nuestro centro. Espero que podamos satisfacer sus expectativas y que durante el mes que va a estar con nosotros seamos capaces de conseguir sus objetivos de un modo saludable.

—¿Un mes? — pregunté asustada pensando en lo que habíamos tenido que pagar.

—Ya veo que a usted todo le parece sorprendente. Me alegro, es una forma optimista de enfrentarse al reto que tenemos. Según el informe que me han pasado, usted ha contratado el programa *"Wellbeing plus"*. Aunque ya lo habrá leído cuando lo contrató, le recuerdo que este programa incluye un análisis inicial que consta de un estudio antropométrico con determinación de peso, altura y pliegues, una valoración en reposo con electrocardiograma y presión arterial, una espirometría para ver su capacidad pulmonar y una prueba de esfuerzo que haremos en el tapiz. Una vez vistos los resultados diseñaremos para usted un programa específico de actividades y un abordaje dietético personalizado mediante un cálculo del gasto energético y del peso ideal. ¿Está usted lista?

En pocos segundos mi traje de poliéster y elasthan se completó con unas ventosas, cables de colorines y una camiseta que comprimía aun más mi grasa contra los huesos. A la señal del Doctor Kelly empecé a soplar por un tubo parecido a los que usa la policía en las pruebas de alcoholemia. Cuando ya estaba exhausta después de tres espiraciones en las que notaba que se me salían los pulmones me dirigí a la cinta eléctrica donde debía correr tan rápido como me fuera posible. En aquellos momentos recordé cuando en el colegio me obligaban a correr 12 minutos seguidos solo porque un tal Cooper había creado un método para mantener en forma a toda América. Jadeante, sudada y teniendo en la cabeza todo tipo de pensamientos sanguinarios centrados en las trillizas, ni siquiera sentí los pinchazos que el doctor me había ido haciendo en la oreja para poder realizar un análisis de mi sangre.

De camino hacia la ducha me vi reflejada en un espejo que estaba estratégicamente situado. Viéndome de esas maneras, me prometí a mi misma no contarle nunca a mi hermano esta experiencia.

Tras la prueba de esfuerzo y a la espera de los resultados me indicaron que podía pasar a uno de los comedores donde poder reponer fuerzas. Aunque lo único que me apetecía era meterme en la cama o tomar un baño caliente para mitigar los dolores que me había producido correr después de más de veinte años sin actividad, consideré que no era momento de cuestionar las normas y me dejé llevar.

El comedor estaba casi totalmente acristalado y mostraba por una parte los hermosos jardines que rodeaban el hotel y por la otra una de las piscinas interiores. Decenas de mesas redondas se distribuían uniformemente por toda la sala. Cuando entré busqué un sitio discreto en el que pasar lo más desapercibida posible. Necesitaba una mesa vacía para no tener que dar explicaciones a nadie de mis razones para estar en el hotel. Hice un barrido con la mirada y pronto, en una mesa repleta de señoras, una de ellas empezó a hacerme gestos con la mano indicándome que había un espacio libre. Aunque intenté hacerme la disimulada, los gestos pasaron pronto a gritos de *"¡Eh, muchacha!"* y, teniendo en cuenta que esa era el único piropo que había recibido hasta el momento, decidí ocupar el sitio.

Aquellas mujeres, de una media de setenta años, tenían realmente una apariencia estupenda. Elegantemente vestidas, parecían mucho más saludables que yo pasando por alto, naturalmente, el repertorio de bastones, gafas, dentaduras y aparatos auditivos que *"tuneaban"* completamente sus cuerpos. En cuanto me acerqué a la mesa todas me recibieron con una sonrisa y me invitaron a tomar asiento. En cuanto lo hice una camarera se acercó a mí y dejó en mi plato lo que iba a ser mi almuerzo: un sándwich de atún en pan de salvado del tamaño de un dedo y unas rodajas de kiwi esparcidas por el plato para que no se viera tanto el fondo. Ante mi cara de asombro una de las mujeres me comentó directamente *"Bienvenida al Hotel&Spa Lefay"* y el resto explotó en una enorme carcajada.

—Pero… ¿esto es así siempre? —pregunté horrorizada al pensar que iba a estar encerrada sudando y comiendo zanahorias todo el día.

—Claro, bonita —me contestó una de ellas mientras se ordenaba las joyas—. ¿Cómo quieres que adelgacemos? Para estar bonita hay que sufrir.

Mi cara expresaba todo menos entusiasmo. Me dolían todos los músculos y mi cuerpo pedía a gritos calorías para poder seguir en funcionamiento.

—Tranquila, chiquilla —dijo una de ellas que permanecía escondida debajo de una enorme pamela de color burdeos—. Aquí la comida no es lo importante, aquí tenemos otras cosas que nos alimentan más…

— ¿Y qué son esas cosas? —pregunté extrañada.

Entonces todas se giraron todo lo rápidamente que sus articulaciones les permitían y dirigieron su mirada hacia una de las mesas. En ella el Doctor Kelly conversaba animadamente con otro grupo de mujeres.

—¿El Dr. Kelly? —yo estaba atónita ante el efecto que nuestro doctor causaba en sus clientas.

—El Dr. Kelly. A nuestra edad que un muchacho tan apuesto te vea desnuda y te diga que estás mucho mejor que el año pasado es una experiencia única y además no me negará que nuestro doctor tiene un físico de espanto. Lástima que tengamos siempre a la bruja de su mujer vigilando.

—¿Su mujer?, tenía entendido que estaba divorciado

—comenté recordando la información que me habían proporcionado.

—En efecto, pero resulta que la que fue su esposa sigue siendo la que dirige este hotel y él es el director médico. A ver si me explico, ella es como la presidenta de un equipo de futbol y él su entrenador ¿me entiende?. Por lo que nosotras, para no caer en la tentación, le seguimos llamando *"su mujer"* o *"la Sargento"*, como usted quiera.

Mi misión se complicaba. Y si el primer encuentro había sido fácil, la posibilidad que me pudiera acercar a él en otras ocasiones sin levantar sospechas iba a resultar más complicado.

—Y usted ¿por qué ha venido? —me empezó a interrogar una de ellas que hasta ese momento había permanecido callada–. Así, por encima, solo te sobran cinco o seis kilitos.

No supe si tomármelo realmente como un halago

—Pues justamente por eso, para quitarme los dos kilos que durante mis vacaciones engordé —puntualicé—. ¿Y ustedes vienen aquí desde hace mucho?.

—Uy, sí. Llevaremos unos diez años viniendo y ya somos un grupo de buenas amigas. Al principio vinimos todas atraídas por lo novedoso del tema pero, querida, ahora lo que nos mueve es volvernos a ver cada año y dejarnos cuidar por ese pedazo de hombretón.

Todas volvieron a reír de un modo escandaloso.

—Pero ya este sitio no es lo que era. Parece que la novedad perdió su fuerza y tienen dificultades para completar las plazas. Las instalaciones se están arrugando como nosotras y el personal, aunque sigue siendo muy amable, ya no transmite el entusiasmo de los inicios. Pero nada es para siempre ¿verdad?. Y cuéntenos ¿está usted casada?

Pensé unos instantes y, acordándome de mi hermano Robert otra vez, respondí:

—No, por ahora sigo soltera.

—¿Qué ha dicho? —preguntó la mujer de la pamela, acercando su oreja.

—Que sigo soltera —respondí alzando ligeramente la voz.

—¿¿Qué?? —volvió a preguntar.

—¡¡¡¡ Que estoy soltera !!!!! —grité.

Entonces una mano se posó en mi hombro. Detrás de mí el doctor Kelly no paraba de reírse.

—Me alegro —dijo tras oír mi confesión—. Ya veo que sigue igual de entusiasta que durante nuestra prueba de esfuerzo, eso está muy bien. Le admito que es la primera vez que veo a alguien proclamar tan vivamente su soltería. Por favor, cuando quiera pásese por mi consulta para que le de los resultados y hablemos de su programa. Y, a propósito, sus nuevas compañeras.... —hizo un pequeño silencio mientras las miraba a todas sentadas alrededor de la mesa— oyen a la perfección. El audífono se lo habrán robado a alguno de sus maridos.

Capítulo 16. Recién salidos del horno

Mi segundo encuentro en el doctor Kelly fue más fugaz de lo deseado. La tranquilidad que tanto se anunciaba como valor en los folletos del hotel, no era en realidad lo que me estaba encontrando. Parecía que la situación económica del centro había hecho que la plantilla se redujera notablemente y esto hacía que los que quedaban tuvieran que hacer un sobreesfuerzo para cumplir con los compromisos que adquirían con sus clientas. En el caso de la consulta del doctor Kelly, el resultado era llamativo. Las entrevistas que hacía algunos años se realizaban con sosiego, interesándose por la situación individual de cada una de las clientas, se habían convertido en una especie de línea de producción en la que las piezas debían circular lo más rápidamente posible. Yo, que ya estaba condicionada por la información que mis nuevas compañeras me habían proporcionado, debía cerciorarme de cuánto de verdad había en sus afirmaciones y de su repercusión en el análisis de mi candidato.

El saludo a la entrada fue tan amable como en nuestro primer encuentro. Educadamente, no hizo ninguna mención a la broma que me habían gastado mis compañeras de mesa ni al contenido de la misma. Antes de ponerse a hablar revisó los informes recién salidos del horno teniendo en cuenta el poco tiempo que había pasado desde mi prueba de esfuerzo. Durante ese lapsus de tiempo me dispuse a corroborar la información previa que tenía del candidato y que tan amablemente me habían dado las trillizas.

El metro ochenta y cinco lo cumplía a la perfección y los ojos verdes también, pero lo de la complexión atlética me planteaba dudas. La bata blanca tiene un efecto estilizador que a veces engaña y el paso de los cuarenta parecía que había tenido un efecto de "retención" en mi candidato.

—Bueno, los análisis han salido a la perfección, señora —dijo sin quitar la vista de los informes—. Es verdad que existe un sobrepeso pero lo considero totalmente recuperable con el programa que usted ha contratado. Permítame unas preguntas, ¿Hace usted deporte habitualmente?

—Sí —respondí sin vacilar.

—¿Con qué frecuencia?

—Cuatro veces por semana —mentí sin vacilar

—¿Fuma?

—No

—¿Bebe?

—Tampoco

—¿Considera que lleva una vida saludable? —continuó con el interrogatorio.

—A veces.

—¿Tiene hijos?

—No.

—¿Profesión?

Y volví a pensar en mi hermano.

—Directora de recursos humanos.

La carta de tratamientos era amplísima: charlas de orientación nutricional, masajes reductores, ejercicios diarios, drenaje de líquidos excesivos, disminución del ansia de azúcar, reflexología podal, hidroterapia aromática, tratamiento térmico de moxibustión, fitoterapia y un sin fin de nombres que nunca antes había leído. De acuerdo con las indicaciones del doctor Kelly debía comenzar por algo que me resultara cómodo y que fuera un refuerzo positivo para mí. La fila de clientas esperando tras la puerta me empujó a elegir aquello en lo que me consideraba una experta.

Capítulo 17. Una sopa de aceite y cristal

La música de fondo me recordaba ligeramente a Dusty Springfield cantando *"Wishin' and hopin'"*. Unas luces tenues indirectas alumbraban con cuidado las paredes y un aroma a canela impregnaba toda la habitación. Casi totalmente desnuda, pero tapada con una toalla de fibra de bambú y tumbada boca a bajo esperaba a que Mary Jane hiciera su trabajo.

Tantos años y tanto dinero invertidos en masajes me habían convertido en una especialista en el tema y seguro que era una buena manera de comenzar mi tratamiento.

Con la cabeza metida en ese orificio que te permite respirar en la camilla sentí cómo la puerta se abría y cómo Mary Jane se preparaba. Tras un tenue saludo intuí a una mujer fuerte de mediana edad que se untaba las manos con aceite y perdía su mirada en la penumbra de la sala. Empezó haciendo una barrido por todo mi cuerpo con sus manos y pronto utilizó sus muñecas y codos para incidir en aquellos puntos que intuía más bloqueados. Luego pasó a ir moviendo mis piernas y brazos realizando unos movimientos que hasta ese momento nunca había experimentado. La sensación de dejarme caer en sus manos hizo que pronto olvidara la razón por la que estaba en ese lugar.

Escuchaba la música, olía a canela y sentía el aceite resbalando entre las manos de Mary Jane y mi piel. Y la mente me transportó a mil kilómetros de aquella habitación. Lo podía ver todo desde una perspectiva diferente y sentía cómo mi cuerpo pesaba y se hundía en el suelo mientras mis pensamientos volaban sin ningún tipo de atadura. Tras más de una hora de excursión por el cielo Mary Jane dejó todas las partes de mi cuerpo ordenadas encima de la camilla y se dispuso a recoger los diferentes brebajes y toallas que había utilizado para impulsarme en tan fascinante viaje. El silencio solo se interrumpía levemente con algunas pisadas que mi masajista personal realizaba para dejarlo todo como lo había encontrado. De repente y tras un grito agudo el ruido de un bote de cristal estallando contra el suelo hizo que volviera rápidamente a la realidad. Mary Jane totalmente bloqueada, miraba con los ojos completamente abiertos el destrozo que acababa de provocar. El aceite derramado por el suelo formaba junto a los trozos de cristal una especie de sopa con tropiezos. Pronto sus ojos comenzaron a inundarse de lágrimas y sus manos empezaron a temblar.

—Vamos, mujer, no pasa nada. Tranquilízate, que

solo es un poco de aceite —le dije mientras me levantaba de mi camilla con ánimo de ayudarle.

—¡Por favor, señora, no se moleste! —se apresuró a contestarme

—Pero si no es molestia, mujer….

Y agarrándome con fuerza del brazo insistió:

—No lo haga, señora. Me despedirían.

Me aparté asombrada de la "zona cero" y me quedé sentada mientras contemplaba cómo la persona que me acababa de elevar a las alturas con su virtuosa técnica de masaje ahora limpiaba arrodillada una mancha viscosa. Sin poder remediarlo sus lágrimas iban cayendo al suelo mezclándose con el aceite y a duras penas podía recoger el destrozo que había ocasionado mientras su respiración entrecortada indicaba que seguía muy asustada. Me arrodillé lentamente y con cuidado toqué con mi mano su hombro. Mary Jane giró su cabeza hacia mí y sin poder resistirse me abrazó mientras lloraba desconsoladamente. Yo, sin dudarlo, respondí del mismo modo y aun no sabiendo la causa de tal reacción la intenté acompañar. Tras unos segundos Mary Jane empezó a limpiarse las lágrimas de la cara y se disculpó. Yo, como si la sala fuera mía, la invité a sentarse junto a mí en la camilla y accedió.

—Lo siento, lo siento mucho —repetía sin cesar.

—Pero tranquila, cosas como ésta nos suceden a todas. Pero a veces nimiedades de este tipo hacen que explotemos, ¿verdad?

Asintió con la cabeza.

—Lo importante es que te encuentres mejor y que me dejes ayudarte, nadie notará nada —le dije.

—¡Claro que lo notará!

—¿Quién? —pregunté.

Mary Jane bajó la cabeza. La cuestión le resultaba incómoda pero yo necesitaba saber si mi candidato tenía alguna responsabilidad en una reacción tan desmesurada.

—Vamos a ver, hagamos un trato. Tú me cuentas qué es lo que sucede y yo te aseguro que informaré de las maravillas que me has hecho sentir durante la sesión.

Durante unos instantes permaneció con la cabeza agachada como con miedo a mirarme pero finalmente sonrió.

Debía de ser ya tarde y como la sala no disponía de ventanas al exterior no tenía ninguna referencia temporal ya que mi teléfono descansaba por prescripción facultativa en mi habitación. Detrás de la puerta se escuchaba al personal del hotel y a clientas moverse de un lado para otro. Dentro, la música ya había cesado y mi masajista y yo estábamos sentadas la una junto a la otra, mirando las luces que levemente alumbraban la pared.

—¿Estás mejor? —le susurré.

—Sí, muchas gracias —volvió a sonreír.

—Y dime, ¿qué es eso tan horrible que puede pasar por romper una botella de aceite?

Mary Jane tenía un físico portentoso, sus brazos parecían de madera maciza y su espalda abarcaba casi el doble de espacio que la mía. Esa aparente fortaleza contrastaba con la tristeza y el miedo que expresaba al hablar.

—Mire, yo llevo aquí trabajando casi diez años y créame si le digo que este hotel no es ahora ni sombra de lo que fue. Antes éramos como una familia, nos conocíamos todos y había algo que nos unía. Nos tratábamos como amigos, ¡qué digo amigos, como hermanos! Sabíamos qué teníamos que hacer y se confiaba en nosotros. Se presuponía que todos hacíamos nuestro trabajo lo mejor posible, pero después…

—¿Qué pasó entonces? —pregunté.

—Las cosas empezaron a ir peor. Las clientas que repetían tratamientos dejaron de hacerlo y las nuevas dejaron de llamar. La situación empezó a complicarse y tomaron la decisión de apartar al doctor Kelly de la gestión del hotel, quedando relegado a la dirección médica. El hotel se puso en manos de su mujer y entonces todo cambió y pasamos de la confianza a un estricto control de todas nuestras acciones. El poco dinero del que disponíamos se empezó a utilizar en sistemas de gestión en las que todos debíamos de indicar dónde estábamos empleando cada segundo de nuestro tiempo. Y el sueño de crear un gran hotel con tratamientos de élite se cambió por una obsesión desmedida en reducir costes. El resultado, ya se lo imagina: muchos de mis compañeros acabaron yéndose y en su posición se contrataron personas casi sin experiencia ni formación. Al final, la medida que en teoría nos iba a salvar está teniendo el efecto contrario. Ustedes, nuestras clientas, cada vez están menos satisfechas, nuestras condiciones van empeorando por momentos y la presión a la que estamos expuestas, en aumento. Y esto se hace insoportable, créame.

—¿Y qué opina de todo esto el Doctor Kelly? —cuestioné.

—El doctor y la que ahora es su exmujer funcionan como si fueran nuestros padres. La mamá que lleva las cuentas de la casa y es estricta con sus hijos y el papá cariñoso que prefiere pasar desapercibido y calmar los conflictos.

—¿Y quién manda más, papá o mamá?

Mary Jane rió.

—Ese es el problema. Cuando tienes por encima de ti a dos jefes que no se coordinan bien entre ellos al final te sientes perdida y no sabes cómo actuar. Si cumples con los horarios recibes la aprobación de mamá, pero papá se enfada porque para él estar suficiente tiempo con las clientas es esencial para el negocio. Si usas productos de calidad papá se alegra porque la satisfacción de nuestras clientas es fundamental, pero mamá te riñe por malgastar el dinero. Los dos tienen criterios diferentes. Y además, yo no quiero que me traten como a una niña de tres años, yo quiero que me traten como lo que soy, una mujer madura con capacidad de tomar mis propias decisiones y de trabajar con responsabilidad.

—¿Y es tan malo que te traten como a una niña? —le planteé—. Muchos en su lugar estarían encantados.

—Mire, cuando se produce un cambio de este tipo cada uno reacciona de diferente modo y depende mucho de la madurez de la que se disponga. Una supervisión adecuada puede ayudar a que desempeñes tu trabajo correctamente, pero cuando esta supervisión es permanente personas como yo nos sentimos ahogadas. Yo siempre he entendido que crecer en el trabajo significa no necesitar de los caramelos de un jefe para seguir adelante, ni de las reprimendas de la otra para cambiar de comportamiento. ¡Por favor, que ya somos mayorcitos!

—Y todo esto está dejando secuelas, ¿verdad? —le pregunté recordando su reacción tras el accidente del aceite.

—Naturalmente. Cuando te están vigilando como ahora lo están haciendo acabas sintiendo terror a cometer cualquier fallo. Es como si el miedo te hiciera ser mucho más insegura. Tareas que antes realizabas prácticamente sin pensar ahora se tornan difíciles y complicadas. Y ante esta situación ya sabe usted cómo reaccionamos las personas… Acabamos por preferir no tomar decisiones para no equivocarnos. Yo hace unos años perfectamente podía sugerirle al Doctor Kelly un determinado gel para una clienta o un masaje específico si identificaba algún síntoma concreto. Ahora no hago nada hasta que me indican exactamente qué es lo que tengo que hacer. Ya he aprendido a saber en qué guerras es mejor no meterse y que ahora es el momento de pasar a un segundo plano y que no se hable mucho de ti, ¿me comprende?

Tradicionalmente se han identificado como fuentes habituales de un conflicto dentro de las empresas factores como la escasez de recursos a la hora de trabajar, la situación de interdependencia, la falta de información, la falta de claridad en las responsabilidades y las existencia de culturas y valores contrapuestos.

En el artículo publicado en 2011, titulado "El estudio del conflicto en los equipos de trabajo" y escrito por Miriam Benítez, Francisco J. Medina y Lourdes Munduate se identifican las principales variables intervinientes en los conflictos en nuestras organizaciones: las características de la tarea (es decir, su complejidad o su posible virtualidad), la composición de equipo (más o menos homogéneo), la cultura organizacional y el apoyo social del supervisor.

Durante más de una hora Mary Jane y yo estuvimos hablando sentadas en la camilla de masajes. Los ojos vidriosos y los temblores de las manos pronto desaparecieron y entre las dos hubo instantes en los que nos sentíamos pegadas. Era increíble, nuestra relación había comenzado de una de las maneras más íntimas que se conoce, piel contra piel, pero fue nuestra conversación la que permitió que intimáramos de verdad. "En ocasiones las palabras unen más que la cercanía física", pensé en aquel momento.

La historia de el Hotel&Spa Lefay y los cambios que había sufrido su rumbo era un tratado perfecto de cómo no se debía gestionar un momento de cambio. Buenas relaciones, lazos de amistad y un ambiente acogedor pronto se podían tornar en una atmósfera irrespirable en la que las personas que antes se amaban ahora competían entre ellas casi hasta la muerte. El miedo se había convertido en uno de los grandes movilizadores y yo necesitaba saber cuál había sido el papel de mi candidato en todo esto.

Capítulo 18. Caipirinha

El sol se iba escondiendo por detrás de la colina. Las luces del hotel empezaron a encenderse y daban a las instalaciones un ambiente aún más acogedor. Tras la sesión de masaje me recomendaron seguir por una actividad "más enérgica" antes de la cena. Miré el listado de posibilidades y me decanté sin pensarlo por media hora de entrenamiento con un tal Joseph Z. Para ser mi primer día no quería desgastarme y treinta minutos me parecían suficientes. Recorrí algunos de los pasillos y pude ver salas en las que las clientas recibían lecciones de meditación o entrenaban técnicas de respiración. Aunque yo ya había tenido mi dosis de tranquilidad, el accidente con el aceite y mi posterior conversación hizo que las sensaciones reparadoras del masaje se desvanecieran pronto. Ver a otras clientas concentradas en cómo el aire entraba y salía de sus cuerpos me produjo una fuerte envidia aunque entendía que bajar de peso únicamente respirando era bastante improbable. Durante más de diez minutos estuve buscando la sala que me habían indicado y tuve que preguntar a más de una persona ya que mi actividad se encontraba lejos del resto de instalaciones del hotel. Recuerdo que algunas de las clientas a las que les preguntaba por las clases de Joseph Z. me miraban extrañadas y sonreían antes de darme las indicaciones oportunas. Tras varias equivocaciones e instantes en los que la rendición casi se apoderaba de mi voluntad encontré el lugar.

La puerta estaba cerrada pero por un pequeño cristal se podía ver a algunas mujeres de pie, con las piernas ligeramente separadas, colocadas frente a un enorme espejo. Empujé con cuidado la puerta y entré. Estaban todas calladas y con los ojos cerrados. En medio de ellas un hombre atlético de piel oscura también respiraba concentrado. Con miedo a hacer ruido me incorporé al grupo en uno de los pocos espacios que quedaba libre. Al hacerlo mi compañera de la izquierda abrió levemente uno de sus ojos.

—Bienvenida, cariño —dijo prácticamente susurrando.

—Gracias —le respondí antes de darme cuenta de que se trataba de una de mis compañeras de almuerzo.

Enseguida me di cuenta de que el resto de comensales estaban también en la sala. Todas ellas, vestidas de un modo mucho más juvenil que en el restaurante comenzaron a saludarme sonriéndome o moviendo ligeramente sus manos.

—¿Es ésta la clase de Joseph Z? —pregunté intentando no romper el momento de concentración.

—Jose —respondió mi compañera.

—¿Cómo que Jose?

—Se llama Jose, es colombiano y es una maravilla.

—¿Y la "Z" a que se refiere?

—A la actividad, cielo. Cuando pone una "P" es Pilates, cuando es una "Y" es yoga…

—¿Y cuando pone una "Z"….?

Antes de que mi compañera pudiera contestar empezó a sonar una sirena por toda la sala. La cuadrilla de septuagenarias permaneció impasible, como si los audífonos estuvieran desconectados. De repente un ritmo ensordecedor comenzó a inundar toda la habitación y mis compañeras, casi al unísono y solo unas milésimas de segundo después del instructor, pusieron sus manos delante de la cintura, como cabalgando un caballo imaginario. A cada golpe de la canción movían sus piernas haciendo un cuadrado en el suelo. Tras seis o siete repeticiones parecía que la canción iba a terminar. Todo el grupo con las manos en la cintura comenzó a inclinarse hacia atrás lentamente y cuando ya pensaba que había finalizado el ejercicio entendí lo que significaba "Z". *"Cómo dejar de amarte"* se llamaba la canción con la que, a ritmo colombiano, empecé mi primera sesión de zumba. Todas a la derecha, todas a la izquierda, barrido al frente y a galopar otra vez. Brazos arriba, brazos abajo, señalar al cielo y a galopar de nuevo. Brinco a la izquierda, salto a la derecha y continuar la carrera sobre nuestro caballo imaginario. A los cinco minutos ya no sabía ni dónde estaba. Mi cuerpo botaba como nunca antes lo había hecho. Mis compañeras, mucho más ágiles que yo, seguían mientras tanto los ejercicios a la perfección y no paraban de sonreír. El instructor en medio de todas animaba sin parar para que no flaquearan las fuerzas. Giros, saltos, manos arriba, el espejo me devolvía una imagen totalmente patética. Cuando la cancioncita terminó todas mantuvieron su expresión de alegría y yo me desmoroné en el suelo.

Tras este episodio Jose me recomendó amablemente que permaneciera el resto de su clase aparte observando lo ejercicios para ir memorizándolos. *"¿Pero cree realmente que voy a volver a sufrir esta humillación?"*, pensé. A la primera canción le siguió otra que mezclaba ritmos persas y una tercera que no paraba de repetir *"zumba, caipirinha, baila"* una y otra vez. Cuando el espectáculo terminó todas saludaron jovialmente al instructor y se acercaron a la esquina donde yo seguía exhausta y desconsolada.

—Venga, cariño. Tienes que tener paciencia, es tu primera vez —me animaba una de ellas.

—Ya verás, luego es como una droga y no puedes dejarlo —me dijo la que durante la comida se escondía debajo de su enorme pamela.

—Es que no he dormido muy bien y estoy cansada

—intenté disimular delante del grupo.

Después de unos minutos de aliento y comprensión mis compañeras se fueron retirando. La que me había informado de la verdadera naturaleza de mi actividad se sentó junto a mí y allí estuvimos durante unos minutos las dos sentadas en el suelo. La vergüenza que continuaba sintiendo hacía que mi cabeza cada vez estuviera más cerca de mis rodillas. No me lo podía creer. Mis compañeras, que me podían sacar más de treinta años cada una, tenían mejor estado físico que el mío. Y no solo eso, su ánimo también era envidiable.

—Mire esta foto, cariño —dijo mientras sacaba una fotografía de una pequeña bolsa de deporte.

En ella se podía ver perfectamente a un grupo de mujeres junto a lo que parecían monitores y demás personal posando junto a la puerta del hotel.

—¿Nos reconoce?

Yo miré más atentamente.

—Somos nosotras junto al personal del hotel hace diez años. ¿Estamos guapas, verdad?

—Guapas y sonrientes —le dije.

—Éramos felices… y lo seguimos siendo. El ambiente entre nosotros siempre ha sido formidable y créame si le digo que nos esforzamos por mantenerlo a pesar de todas las adversidades. Esto es como en las familias: en un ambiente relajado, amigable y de seguridad las personas se encuentran a gusto y quieren hacer planes con sus hijos y hermanos. Cuando llegas a una casa donde se respira un ambiente de miedo, confusión e inseguridad las personas se vuelven ariscas y tienden a enfadarse las unas con las otras. Un buen clima hace que las peleas se diluyan y que no se les dé mucha importancia mientras que un clima enrarecido suele tener como consecuencia que las pequeñas discrepancias se convierten en enormes brechas entre las personas. Nosotras venimos aquí porque aquí nos sentimos felices, nos vemos cada año, nos ponemos al día y a bailar y sudar otra vez. Pero para que podamos estar así de contentas necesitamos que este hotel mantenga la sonrisa. Si los empleados no están contentos no nos pueden transmitir optimismo y mucho menos bailar zumba como lo hace nuestro Jose. Por eso nosotras funcionamos aquí como *"la Resistencia"* y presionamos todo lo posible para que no se pierda la razón por la que venimos.

—¿*"La Resistencia"*? —lo que me faltaba, además de alegres y en forma mis compañeras eran unas auténticas guerreras.

—Por supuesto. ¿Quién puede presionar mejor a los dueños de este hotel que sus propias clientas?

Miré la foto atentamente y vi al doctor Kelly en el lado izquierdo. Su cara reflejaba luz y parecía que con su sonrisa iluminaba al resto del grupo.

—¿Y qué dice de todo esto el doctor?

Mi compañera se acercó a mi oído lentamente.

—Edward es… nuestro agente doble —susurró.

—¿Cómo?

—Su ex mujer, *"La Sargento"*, le pide que nos intente convencer de que los cambios son inevitables y de que en el fondo el servicio actual resulta mejor para nosotras. Pero en realidad el Doctor Kelly pertenece a *"La Resistencia"* y quiere que este hotel no pierda de vista la razón por la que se creó. Por eso hace todo lo posible para boicotear las medidas que chocan con "nuestra cultura".

—¿Cultura, qué cultura?

—Cultura, valores… Son las tradiciones que mantienen vivas nuestras creencias más profundas. Mire, seguro que lo verá fácil con el ejemplo de su familia. Cada familia tiene una serie de tradiciones, unos comportamientos que se valoran y otros que se tienden a corregir. Hay familias que priorizan el esfuerzo y otras en cambio la espontaneidad, unas prefieren permanecer cerradas en sí mismas y otras son proclives a tener su casa abierta de par en par. Los valores se reflejan en cómo nos comportamos y la cultura no hace sino crear un hábito para reforzar esos valores. Cuando vives durante un periodo de tiempo con otra familia, compruebas que normas que creías generales no lo son para todas las familias y te tienes que adaptar a la nueva situación. Lo mismo pasa cuando una familia cambia y la persona que había marcado lo que era importante, lo que se valoraba, se marcha. Entonces hay un periodo en el que te vas dando cuenta que cosas antes fundamentales ya no tienen importancia, o viceversa. Y solo te quedan tres posturas.

—¿Cuáles?

—Adaptarte, irte o rebelarte.

—¿Y ustedes y el doctor Kelly qué han elegido?

—Cariño, somos *"La Resistencia"*.

Según Idalberto Chiavetano en el bestseller internacional "Administración de Recursos Humanos" el clima laboral es el nombre que se le da al ambiente interno existente entre los miembros de una organización, el cual está estrechamente ligado al grado de motivación de los empleados. Cuando tienen una gran motivación, el clima motivacional permite establecer relaciones satisfactorias de animación, interés, colaboración…. Cuando la motivación es escasa, ya sea por frustración o por impedimentos para la satisfacción de necesidades, el clima organizacional tiende a enfriarse y sobrevienen estados de depresión, desinterés, apatía, descontento…, característicos de situaciones en las que los empleados se enfrentan abiertamente contra la empresa.

Capítulo 19. Algo más que una ración de ostras

—¿Estáis alguna por ahí? —esperé unos segundos— ¿Hay alguien?

Comprobé en mi teléfono que el mensaje al menos les había llegado.

—Venga, que no estoy muy enfadada —escribí para disminuir la tensión y a los pocos segundos llegó la respuesta.

—Hola, Mar —escribió una de las trillizas—, ¿tienes buenas noticias?

—Claro —respondí inmediatamente.

—¿Tenemos a nuestro hombre para la Sra. Sullivan?

—No.

—¿Entonces? —escribió al no entender mi respuesta—. ¿Cuáles son las buenas noticias?

Me tomé mi tiempo y lancé mi dardo envenenado en forma de mensaje rápido.

—Todo el mundo aquí sabe que estoy soltera, he adelgazado un kilo bailando *zumba* y he hecho amigas de la edad de mi madre.

Durante unos segundos no hubo mensaje, pero poco después la pantalla me indicaba que la trilliza estaba "escribiendo".

—¡¡¡Enhorabuena, sabíamos que te ibas a integrar a la perfección!!!

—Sin bromas, por favor.

—¿Y nuestro hombre?

—Todavía no tengo resultados.

—¡¡¡¡¡¡Mar!!!!!!

—¿¿¿¿Quéeeeeee????

—Nos quedamos sin tiempo.

—No presiones. Ya estoy suficientemente agobiada.

—Pues desagóbiate y a trabajar.

—Gracias por el consejo.

—De nada. Te queremos.

—Yo a vosotras no.

Tras una sucesión interminable de emoticonos espantosos llenos de corazones y besitos, me di cuenta de que necesitaba tomar aire fresco y una buena copa para ver la situación desde una perspectiva distinta. Intentando pasar desapercibida me acerqué a la recepción del hotel y, aduciendo un cuento sobre unas pastillas para la tensión que para ser eficaces tenían que tomarse con un sorbito de alcohol, logré sonsacar a una de las empleadas el modo de tomar una copa. A pesar de que las reglas eran claras y todas las bebidas salvo el agua y algún té estaban prohibidas, viendo que mi necesidad era apremiante, me indicó la forma de llegar a un bar que se encontraba relativamente cerca del hotel.

El lugar resultó ser un pequeño restaurante especializado en marisco. El olor a ostras nada más entrar hizo que se me olvidara de un plumazo toda la presión que las trillizas habían intentado trasladarme. Yo sabía que el tiempo corría en mi contra, pero también sabía que un trabajo de calidad requería hacer las investigaciones con cuidado, sin perder ningún dato. Me acerqué a la barra y amablemente pedí al camarero una ración de ostras y un *Pimm's Cup*. Puso delante de mí un vaso tipo Highball con unos pequeños trozos de limón, naranja, fresas y pepino. Añadió hielo y lo completó con un refresco. Antes de ofrecérmelo, lo decoró con unas hojas de menta y lo colocó cuidadosamente sobre un posavasos.

Mirando aquel coctel típicamente veraniego pensé que era lo que más me apetecía en el mundo. Di un primer sorbo, mojando apenas los labios, para que el resto de clientes no advirtiera mi ansiedad y, en cuanto me cercioré de que el líquido que entraba por mi garganta era justamente lo que necesitaba, abrí mi boca para que entrara el máximo contenido posible de un solo trago. La sensación fue increíble, mi cabeza al instante se despejó y el aroma a vodka de la bebida hizo que toda la presión desapareciera al instante.

Esperando a que me pusieran la ración de ostras, cogí una de esas servilletas de papel que se colocan en la barra y, al estilo de Dan Roam, me dispuse a dibujar la situación en la que estaba, con ánimo de encontrar alguna solución que hasta ahora no había sido capaz de identificar.

Saqué un bolígrafo del bolso y empecé a dibujar. En medio el doctor Kelly, con su bata blanca y su fonendoscopio para identificarlo y a su alrededor todos los personajes que completaban el cuadro. Por un lado su mujer, dibujada como un sargento de la Segunda Guerra Mundial. Por otro lado el personal del hotel, algunos con caras tristes y otros con expresiones de enfado; se me ocurrió colocarles a todos detrás de una gran pancarta que decía algo así como *"menos control, más confianza"*. A un lado, para no olvidar el percance por lo significativo que fue, un tarro de aceite que se derramaba sobre una de las esquinas de la servilleta. Y finalmente, junto a nuestro protagonista aparecía *"la Resistencia"*, el grupo de septuagenarias armadas con muletas y prótesis que se enfrentaban directamente a *"la Sargento"*. Con el dibujo prácticamente terminado, pensé dónde entraba el amor en la composición. Solo veía problemas y no entendía la relación que mi objetivo mantenía en aquel momento con su expareja. Necesitaba saber cuáles eran las intenciones del doctor y si estaba abierto a una nueva experiencia.

Mi reflexión fue interrumpida agradablemente por una increíble ración de ostras que el camarero puso con sumo cuidado en la barra. De nuevo con precaución y con el fin de que el resto de personas no notará la emoción que me provocaba el tener una comida así justo frente a mí, cogí lentamente el limón y esparcí con minuciosidad sus gotas sobre mis pequeñas presas. Elegí la que sobresalía por su carnosidad y aspecto y en el momento en el que la iba a engullir…

—¡Ni se le ocurra! —gritó una voz detrás de mí.

Pegué un bote y el limón se me derramó sobre la blusa, la ostra cayó al suelo y, al intentar cogerla, me apoyé con la mano sobre el plato haciendo que sus compañeras se precipitaran al vacío. Con el susto todavía en el cuerpo me giré para saber quién había producido tal desastre y, ante mi asombro, me encontré al doctor Kelly.

—¿Qué hace usted aquí? —pregunté.

—¿Yo?, salir a tomar algo después de una larga jornada laboral y usted saltarse dos reglas fundamentales de su tratamiento: cero alcohol y cero comidas no indicadas.

—Lo siento, salí a tomar un poco de aire y sin darme

cuenta… ya sabe.

—Claro que sé —y empezó a reírse—. Tranquila, no se lo diremos a nadie. Esto quedará entre usted, yo y esas maravillosas ostras que le acabo de arruinar. ¿Me permitirá invitarle a otra ración?

—No hace falta que me invite, pero realmente mi estómago ya se había hecho ilusiones.

—Claro que sí. Y además déjeme que le limpie su blusa; no sé si tiene mucho arreglo pero algo podremos hacer.

De pronto el doctor giró la cabeza, miró la barra y, sin darme tiempo a reaccionar, cogió la servilleta en la que había dibujado yo mi obra de arte. La miró primero con extrañeza al encontrarse en ella cosas pintadas pero enseguida se percató de que él era el protagonista y me dijo:

—Creo que esta conversación va a dar para dos raciones.

Capítulo 20. Cena con servilleta

"Ten cuidado con lo que deseas no lo vayas a conseguir", reza el dicho. Sabía que tenía delante una oportunidad única de conocer a mi objetivo y no podía desaprovecharla. Necesitaba pensar rápido, identificar una estrategia y ponerla en marcha lo antes posible. Tenía que dar una explicación verosímil de el porqué de haber estado dibujando algo así. Si mi objetivo llegara a dudar de mí perdería la posibilidad de obtener información.

El doctor Kelly llevó las raciones de ostras hacia una de las mesas, me preguntó qué estaba bebiendo y se decidió finalmente por un *Blood&Sand*. Con gesto serio me invitó a sentarme y después de probar un par de ejemplares se limpió la comisura de los labios.

—Créame si le digo que es la primera vez que me encuentro en esta situación.

—¿Cenando con una clienta? —pregunté intentando relajar la situación.

—No, sintiéndome espiado —dijo cortando cualquier posibilidad de suavizar el descubrimiento—. Espero que tenga una buena razón para esto que me acabo de encontrar.

En aquel momento puse en acción toda mi capacidad interpretativa.

—Pues sí, doctor Kelly, naturalmente que tiene una explicación. Necesitaba salir de su hotel después de un día que ha sido todo menos relajante. Lo que ustedes prometían en su publicidad, al menos hasta el momento, no se está cumpliendo y me estoy encontrando con una realidad muy diferente a la que yo esperaba.

—Lo siento, pero no entiendo qué tiene que ver eso con el dibujo que acabo de encontrar.

—Mire, doctor, ya le dije en nuestra entrevista que soy directora de Recursos Humanos. Y, no me pregunte usted cómo, han llegado a mis oídos quejas que sus trabajadores tienen con respecto a la situación del hotel…

—¿Cómo?, ¿quién le ha comentado tal cosa?

Respiré y antes de contestar pensé en las consecuencias de mi respuesta.

—¿Sabe usted algo de… *"la Resistencia"*?

Se hizo el silencio entre los dos. El doctor Kelly miró al plato y cogió otra ostra. Echó unas gotas de limón y la saboreó tranquilamente. Cogió la servilleta con el dibujo y, mirándola nuevamente, me dijo:

—Cuénteme, ¿qué sabe usted de todo esto?

—Mire, aunque no quiero meterme donde no me llaman creo que, cuando una clienta en menos de un día obtiene información como la que le voy a dar, es necesario enfrentarse a la situación lo antes posible.

El doctor asintió con la cabeza.

—Aunque evidentemente no voy a dar nombres, sé que sus trabajadores tienen una percepción de la situación bastante negativa y que las propias clientas están sufriendo ya las consecuencias...

—Al grano, por favor —empezó a impacientarse.

—Pues mire, sé que su hotel lleva un tiempo viviendo una situación de dificultad económica y que eso les ha llevado a tomar una serie de decisiones. Han optado en primer lugar por prescindir de todo aquello que creían superfluo y han primado más la cantidad que la calidad. La autonomía con la que antes trabajaban sus empleados se ha transformado en un control exhaustivo de sus responsabilidades, algunas veces sin sentido alguno. A estas medidas hay que sumar una reducción del personal fijo y una incorporación de personas con escasa formación en los momentos puntuales de mayor trabajo. El resultado es un clima enrarecido, con sensación de tensión y confusión ante las nuevas directrices y un aumento de la insatisfacción de las clientas... que son las que les dan de comer a ustedes. Todo esto además ha sucedido tras un cambio en el liderazgo del proyecto. Su exmujer ha tomado las riendas del hotel y con ella los valores con los que se creó se han esfumado.

—*"La Sargento"*.

—Sí, doctor Kelly. Ella es *"la Sargento"* y usted el *"Espía doble"*

El doctor volvió a coger la servilleta y mirando los dibujos intentó darles un sentido con la lectura que le acaba de realizar.

—Me deja asombrado. Por el análisis que usted me acaba de realizar una consultoría me habría cobrado miles de libras y seguramente no hubieran dado tanto en el clavo. Le agradezco su sinceridad pero déjeme que le dé mi versión de las cosas. Es verdad que el hotel está sufriendo momentos difíciles. El servicio que dábamos estaba enfocado a personas de alto standing con capacidad para pagar grandes sumas de dinero a cambio de la ilusión de hacer realidad el sueño de encontrarse más sanas y bonitas. Ese servicio poco a poco fue saliendo de la lista de preferencias de nuestras clientas y eso nos llevo a tomar decisiones.

—¿Decisiones que le han llevado a mejorar la situación?

—Seguramente no, pero en aquel momento se consideraron necesarias.

—Y ahora, doctor Kelly, ¿las considera necesarias?

El doctor se quedó pensando antes de responder.

—Pues no lo sé, pero ¿qué podemos hacer?

—Déjeme que le diga algo. Yo le voy a hablar desde el punto de vista de alguien que trabaja con personas y que sabe de la importancia de éstas en una organización. Entiendo que han adoptado esas decisiones considerando que eran la mejor salida posible a la situación en la que se encontraban, pero creo que no tuvieron en cuenta las consecuencias para las personas que integraban su hotel. En primer lugar tiene que comprender que los empleados que eran autónomos y competentes en su puesto de trabajo de repente han visto cómo su margen de maniobra se ha reducido hasta un límite para muchos asfixiante. Es como cuando usted enseña a su hijo a montar en bicicleta, hay un primer momento en el que el control es indispensable pero después, una vez aprendido, el intentar llevarle agarrándole del sillín en lugar de mejorar su desempeño lo dificulta. Lo que les ha sucedido a sus trabajadores es que sabían a la perfección montar en bici, algunos lo hacían hasta sin manos o apoyándose solo en la rueda de atrás, y en un instante han visto cómo para cada pedaleo que dan deben informar a su jefe y justificar su actuación. Créame si le digo que esa manera de gestionar lleva a que las personas, por culpa de la presión, cometan más errores produciéndose entonces la necesidad de un mayor control. Doctor Kelly, ustedes siempre han sido como una gran familia, como una familia numerosa en la que los hermanos se han apoyado los unos a los otros y sin necesitar de la supervisión continua de sus padres. Doctor, han pasado de gestionar a un equipo de muchos hermanos a tratarlos como si fueran hijos únicos. Más aún le voy a decir, el ambiente que en los primeros años contagiaba a las clientas de optimismo y alegría se ha transformado en un ambiente viciado por la desconfianza. Hay familias con las que da gusto quedarse a comer porque pronto te hacen sentir como uno de los suyos y te inundan con su alegría y en otras, en cambio, miras continuamente el reloj para saber cuánto falta para irte. Doctor, su equipo no sabe a quién de ustedes dos obedecer para hacer que las clientas estén más contentas y éstas se están yendo. Los mensajes que les dan su exmujer y usted no van en la misma línea y provocan confusión al personal. Sus hijos, permítame que le hable en estos términos, no saben si obedecer a papá o a mamá y, como en cualquier familia, los progenitores deben ponerse de acuerdo antes de dar las órdenes. Su mensaje debe ser único y deben decidir qué estrategia conjunta van a seguir.

El doctor Kelly me observó fijamente y vi que sus ojos verdes se inundaban de lágrimas. En aquel momento mi objetivo me pareció perfecto, cumplía todos los criterios que la Sra. Sullivan había marcado. Bueno, todos salvo uno.

—Doctor, ¿me permite una pregunta personal?

—Llegados hasta este punto le permito cualquier cosa —sonrió tímidamente.

—¿Cuánto facilita o dificulta su relación personal

con su exmujer sus planes profesionales?

—Mire, mi exmujer y yo nos separamos ya hace tiempo. Como habrá podido constatar por la información que ha obtenido somos de carácter muy diferente. Sin embargo ambos somos personas sensatas y creo que hemos sabido distinguir nuestras diferencias personales de nuestras responsabilidades profesionales. Pero ahora, después de escucharla, creo que es necesario que volvamos a hablar. Puede que en los últimos años nuestra comunicación se haya enfriado y solo hemos hablado de aspectos operativos y puntuales. Es como si, para evitar grandes temas o grandes conflictos, hubiéramos preferido centrarnos en los pequeños problemas domésticos. Tal vez sea hora de que tengamos una conversación en serio.

El Doctor Kelly y yo seguimos charlando durante casi dos horas. De las ostras pasamos a unas almejas a la plancha y de ahí a un maravilloso coctel de marisco. Cuando terminamos la cena se ofreció amablemente a acompañarme al hotel asegurándome que tanto nuestra conversación como mi escapada quedarían para siempre entre los dos.

Capítulo 21. Nuevos platos exquisitos

La mañana siguiente amaneció soleada. Desde primera hora las alumnas aventajadas paseaban por los jardines del hotel buscando alguna de las diversas actividades que se ofrecían al aire libre. En cualquier rincón veías a mujeres sonrientes vestidas con ropas claras y cómodas haciendo ejercicios de Tai Chi o poniendo en práctica las últimas lecciones aprendidas en la sesión de Mindfullness. En el comedor se ofrecía un desayuno repleto de fruta vistosamente cortada, tostadas de pan integral y un surtido completo de tés e infusiones. No sé si por efecto del sol que brillaba o porque me iba sintiendo cada vez más cómoda en aquel lugar las caras de las clientas me parecieron especialmente sonrientes. Daba la sensación de que todos los peligros y miserias de los que habíamos estado hablando durante la cena eran invisibles para las personas que se alojaban en el hotel.

El buen día hizo que me sintiera con más energía y que desayunara más rápido de lo normal. Decidí ir a dar un paseo antes de embarcarme en alguna actividad de las que tenía organizadas. Tenía que reflexionar acerca de lo sucedido y necesitaba encontrar el modo de descubrir si el doctor Kelly tenía dentro de sus planes reorganizar su vida personal y si mi clienta podría llegar a ser parte de ésta. Salí por una de las puertas traseras del hotel que daba directamente a los jardines donde mis compañeras se afanaban en estirarse y respirar. El ambiente era de muchísima tranquilidad y entendí que en un entorno así resultaba relativamente fácil centrarse en uno mismo y empezar a quererse. Continué caminando a un ritmo suave durante unos minutos. Notaba cómo mis pulmones se hinchaban y sentía mi cabeza cada vez más ligera y despejada, capaz de ir flotando por aquellos maravillosos parajes. Durante esos momentos me daba la sensación de que mis ideas se iban ordenando y, más aún, de que cada uno de mis pensamientos iba adquiriendo su justa dimensión.

Pero, como casi siempre pasa, esos minutos de tranquilidad pronto terminaron. En poco tiempo, todas las clientas comenzaron a cuchichear las unas con las otras y rápidamente se pasó de los estiramientos y reflexiones individuales a tertulias de grupo. Sin saber todavía qué era lo que sucedía, vi que los instructores que hasta ese momento trabajaban con sus grupos se iban retirando hacia el hotel y no tardé en acercarme a una de las clientas para preguntarle qué estaba sucediendo. Enseguida me respondió que tampoco lo sabían muy bien pero que los empleados del hotel habían recibido la instrucción de reunirse todos en uno de los grandes salones. *"¿Y qué hacemos entre tanto?"*, pregunté.

Mientras mis compañeras se abalanzaban a echar unas partidas al bridge o a la canasta, juegos habitualmente prohibidos por fomentar el sedentarismo, yo me escabullí disimuladamente para intentar descubrir qué estaba pasando. Volví a entrar por la puerta trasera y encontré el hall totalmente vacío. Acordándome de la localización que me había transmitido mi confidente fui hacia uno de los salones donde supuse que podían estar reunidos. Ya antes de acercarme se escuchaba el murmullo de los empleados al otro lado de la puerta. Me acerqué y, con el mayor disimulo posible, pegué mi oreja a la puerta intentando descifrar algún mensaje concreto de entre la cantidad de ruido que se producía desde el otro lado. Durante un instante pensé en abrir la puerta y entrar pero en seguida me di cuenta de que, incluso en el caso de que estuviera abierta, la presencia de una clienta no iba a ser del agrado de nadie. Miré hacia los lados y pensé que un salón tan grande tendría que tener alguna puerta auxiliar desde donde el servicio pudiese entrar a realizar su trabajo. Corrí por uno de los pasillos que bordeaba la sala y encontré una puerta de menor tamaño más cercana a las cocinas del hotel. Giré la manilla pero la puerta estaba cerrada. Ante mi plan frustrado volví a mi estrategia anterior y acerqué el oído a la puerta. Aunque no entendía muy bien sí pude identificar la voz del doctor Kelly pidiendo silencio a los empleados. Cuando estaba en plena concentración, intentando traducir alguno de los sonidos que se transmitían desde el otro lado de la puerta, oía a un centímetro de mí un ruido agudo metálico. Sorprendida separé rápidamente mi oreja de la madera y me vi rodeada de mis compañeras de zumba. Sin dejarme hablar una de ellas me acercó un manojo de llaves y me dijo *"Recuerda cariño, somos "La Resistencia""*. Al instante me di cuenta de que mis compañeras tenían la llave que me iba a permitir saber qué estaba sucediendo.

La puerta que abrimos daba a la parte del salón donde se guardan mesas y sillas supletorias y todo tipo de utensilios que se pueden llegar a utilizar según el evento que se celebre: aparatos de música, luces, etc. Desde allí veía a la perfección al doctor de espaldas y frente a él a todos los empleados. La posición era perfecta, nadie me podía ver y yo en cambio podía observar todo lo que sucedía en aquella sala. Todo, todo, incluso algo que los trabajadores del hotel no eran capaces de percibir: mientras el doctor pedía silencio y comenzaba lo que parecía un discurso a la plantilla, *"la Sargento"* permanecía oculta tras una enorme pantalla de cine.

—Señoras, señores, por favor, atiéndanme. Necesito un poco de silencio. No disponemos de mucho tiempo y lo que quiero comunicarles es muy breve —comenzó a decir el doctor Kelly.

En pocos segundos todos habían callado. Desde mi posición yo no era capaz de distinguir la emoción que expresaba la cara del doctor pero sí la de sus trabajadores: miedo y asombro.

—Bueno, quiero empezar agradeciéndoles a todos su rápida respuesta ante una convocatoria tan urgente. Sé que no es habitual en esta casa realizar una reunión general sin preaviso pero las circunstancias me han empujado a hacerlo de este modo. En primer lugar quiero disculparme en mi nombre y en nombre de la dirección por no haber sabido escucharles a su debido tiempo y en segundo lugar me gustaría poder explicarles algo en relación con algunos comentarios que recibí durante el día de ayer...

Sentí entonces cómo las ostras y el *Pimm's* volvían a mi garganta recordándome la cena de la noche anterior.

—Todos sabemos que los momentos que estamos viviendo son difíciles y que para muchos de ustedes está suponiendo un fuerte desengaño encontrarse en esta situación. Desde que se creó este hotel y sus programas de adelgazamiento y belleza siempre hemos sido un referente del buen hacer y del cuidado de nuestras clientas. La situación económica nos ha obligado, como ya conocen y han padecido, a tomar decisiones y reconozco que muchas de ellas no han sido acertadas...

Se oyó un murmullo y todos empezaron a mirarse los unos a los otros, sin saber cómo responder ante un mensaje tan inesperado.

—Sí, nos hemos confundido y no hemos sabido estar a la altura de las circunstancias. Es verdad que desde su posición en muchas ocasiones las cosas se ven más fáciles pero también es verdad que a veces lo más sencillo es la mejor solución.

Recordé entonces cómo mi hermano Robert, siendo un niño, preguntó a la profesora durante una clase de historia sobre la Segunda Guerra Mundial por qué en lugar de pelear los nazis y los aliados no lo habían echado a suertes.

—De ser una familia en la que nos conocíamos todos y en la que confiábamos—continuó diciendo el doctor— hemos pasado a ser un grupo en el que el miedo y la desconfianza son los que nos están moviendo y créanme si les decimos que eso no es lo que queremos para nuestro hotel. Las cosas no están bien y queremos implicarles a todos ustedes en buscar una solución. Las decisiones que tomemos queremos que partan de ustedes y todos asumiremos sus consecuencias. Señores, señoras, somos una familia que se va de viaje: si queremos disfrutar y ganar no vale con que uno sepa el camino y el resto se quede dormido durante todo el trayecto, no vale con quejarse de que este destino que ha elegido papá o mamá no me gusta, no vale con enfadarse porque no se puede comprar un coche mejor o porque la ciudad a la que vamos no es exactamente la que quieren cada uno de ustedes. A partir de este momento queremos que entre todos decidamos a dónde queremos ir, por qué camino, en qué tipo de vehículo y con qué invitados. Otros factores como el precio de los peajes o del combustible harán que nuestros sueños se tengan que ajustar a la realidad. Nosotros seremos solo el piloto y el copiloto. Ustedes serán el motor, los que dibujen los mapas y los que pongan música en la radio para que el trayecto no se haga tan pesado. Empleados del Hotel&Spa Lefay, queremos hacer este viaje con ustedes y queremos conocer sitios maravillosos donde comer platos exquisitos.

Tras un instante de silencio el salón rompió en aplausos. Las caras expresaban alivio y hasta ilusión y en aquel momento quedé asombrada con el efecto que unas pocas palabras tuvieron sobre un auditorio tan desmotivado.

—Y para que esto no quede en un mero discurso, quiero ahora invitar a la Directora General del hotel quien nos va a explicar cómo haremos para escucharles a cada uno de ustedes y cómo vamos a ir dando un cambio de rumbo a nuestro hotel.

El doctor Kelly se giró y con el bullicio de la gente a sus espaldas se dirigió a la parte trasera. Detrás de la pantalla de cine le esperaba *"la Sargento"*, que salió con los ojos bañados en lágrimas. Se acercó al doctor Kelly y ambos se apretaron fuertemente las manos, se miraron y, abrazándose como una pareja de recién casados, se besaron.

Capítulo 22. Baño caliente con helado

Tras una llamada a las trillizas un Aston Martin Cygnet edición Black&White me esperaba en la puerta del hotel. No era momento de llamar la atención y mi retirada debía ser lo más discreta posible. Metí mi equipaje en el maletero y miré por última vez al Hotel&Spa Lefay. Arranqué con cuidado, me puse las gafas de sol y vi por el retrovisor cómo lentamente iba dejando atrás a mi segundo objetivo.

Visto ahora en la distancia, seguramente aquel fue el mejor final posible para el doctor Edward Kelly. Mi inspiradora conversación había servido no solo para que retomara las riendas de su negocio sino para que volviera a reencontrarse con su mujer. A veces las acciones que realizamos tienen efectos inesperados y casi nunca, además, sabemos si son para bien o para mal.

A mi espalda dejaba una gran familia que había limado asperezas y que se enfrentaba a una etapa difícil pero cargada de ilusión. Delante de mí me esperaba la última oportunidad de tener éxito en mi misión de encontrar al hombre ideal para la Sra. Sullivan. El tiempo de realizar el siguiente encuentro y establecer contacto con el nuevo candidato era especialmente corto, por lo que debía desplegar todo mi potencial si quería lograr satisfacer a nuestra clienta.

Cuando todavía se podía ver por el retrovisor los últimos pisos del hotel una llamada a través del manos libres empezó a retumbar por todo el coche. En un principio temí que fuesen las trillizas intentando motivarme, pero enseguida me calmé y después me asombré al ver que era mi hermano Robert quien llamaba.

—Hermanita… —resonó su voz con el tono jocoso de siempre.

—Hola, hermanito —respondí intentando imitar el mismo tono jovial y desenfadado.

—¿Te pillo bien para hablar? Noto que estás con el manos libres.

—Sí, tranquilo, me pillas en plena huida. Acabo de fallar nuevamente en mi trabajo y debo continuar mi búsqueda…

—¡A propósito —exclamó al acordarse de nuestra última llamada—, la última vez que hablamos colgaste sin despedirte.

—Por favor, Robert, me hiciste pasar uno de los momentos más bochornosos de mi vida. Nunca volveré a hacerte caso.

—Caerás sin darte cuenta — contestó riéndose.

—Seguro que sí. Y dime, ¿por qué misteriosa razón mi hermano me llama? Entenderás que esto es una gran sorpresa para mí, un momento único en nuestras vidas… —exageré.

—Es cierto, es cierto — rió a carcajadas—. Solo te llamo para informarte de que nuestros padres se encuentran perfectamente en su viaje griego.

—¿Has hablado con ellos?.

—¡Qué dices, no tienen tiempo de hablar! Me han mandado un mensaje con fotos de los lugares que están visitando. Que si una fiesta en una playa en la isla de Rodas, que si con unos amigos franceses en Santorini…

—O sea que se encuentran bien.

—¿Solo bien? Hermanita, me da la sensación de que tú y yo no vamos a estar así en la vida. Y, a propósito, ¿cómo te encuentras tú? La última vez que hablamos me comentaste que no estabas al 100 % en tu trabajo.

—Y sigo pensando lo mismo. El problema es que ahora no quiero dar el 100%, quiero un trabajo en el que poder trabajar bien sin tener que morirme en el intento. Necesito…

—Necesitas rehacer tu vida, Mar —me cortó en

seco.

Durante unos segundos me quedé pensando en lo que acababa de afirmar mi hermano. Encontré un sitió en el que poder aparcar mi coche y continué la conversación poniendo todos mis sentidos en ella.

—Puede ser, Robert. El trabajo es una parte esencial de mi vida pero siento que estoy dejando escapar otra. Ya te dije que soy buena en lo que hago, tal vez la mejor, pero veo a otras personas…

—¿Qué has visto, Mar?

Y pensando en cómo el doctor Kelly había tomado las riendas de la situación tanto con su hotel como con su ex mujer le dije:

—He visto que todos estamos mejor o peor con nuestro trabajo y con nuestra vida según con quién nos comparemos. Y créeme si te digo que he sentido mucha, mucha envidia.

—¿Te puedo decir algo?

—Si tiene que ver con el punto G o cosas de esas evítalo, por favor.

—No, tiene que ver con nosotros como hermanos.

—Adelante —respondí sin pensarlo, fiándome totalmente de él.

—¿Te acuerdas aquellas Navidades en las que   te

regalaron aquel caballo blanco de juguete? Al abrir el paquete te pareció el regalo más maravilloso del mundo y no paraste de acariciar y peinar sus crines hasta que viste que yo había recibido otro caballo mucho más grande y con un soldado de la artillería real.

—¿Pero ese caballo no me lo regalaron a mí?

—No, hermanita —se rió—. Ese caballo me lo regalaron a mí. Lo que sucedió es que tú, al ver que el mío era más grande y que además tenía un soldado, pasaste de la mayor de las ilusiones a la rabia más encolerizada. Y papá, para que no se estropeara el momento de paz y felicidad, decidió darte mi regalo y recompensarme con algo más adelante.

—¿Y que te regaló? —pregunté.

—Eso mejor lo dejaremos para cuando cumplas cincuenta años, aún tienes que madurar.

—Vale… ¿Y qué tiene que ver eso con lo que te estaba contando?

—Todo, tiene que ver todo. El estar bien o mal en el trabajo, las expectativas que tenemos, el estar satisfechos con lo que somos, depende mucho de con quién nos comparemos. En mi empresa los grandes conflictos no surgen por lo que se le da a uno o a otro, los conflictos surgen cuando alguno mira a su compañero y se compara. Tú puedes subir el sueldo a una persona y se pondrá contentísima. Pero si esta misma persona se entera a la vez de que a otro compañero se le ha subido en mayor proporción la consecuencia será totalmente opuesta.

—¿Qué quieres decirme, que siempre estamos mirando a nuestro alrededor?

—Claro que sí y en tu caso aún más. Mar, tú tienes un trabajo en el que puedes ver otras realidades además de la tuya y es normal que compares tu situación con lo que ves fuera. Tienes que ser consciente de lo que estás aportando y obteniendo en tu vida y si no te gusta lo que te encuentras debes intentar cambiarlo.

—¿Sabes lo que quiero hermanito? No pasar por esta vida sin darme cuenta de que estoy viva.

—¿Y qué vas a hacer?

Pensé unos instantes y, haciendo caso de las súplicas de mi estómago y mis piernas, respondí:

—Por ahora, darme un baño caliente y atiborrarme de helado.

La Teoría de la equidad en motivación fue desarrollada en 1963 por John Stacey Adams. Esta teoría defiende que la motivación es esencialmente un proceso de comparación social en el que se tiene en cuenta el esfuerzo y los resultados o recompensas recibidos por uno mismo y se compara con los resultados y los esfuerzos realizados por otros. Tras este proceso de comparación se dan dos posibles situaciones: una percepción de equidad o una percepción de falta de equidad. Ante la tensión que provoca la segunda situación descrita las personas tendemos a cambiar lo que aportamos, cambiar lo que recibimos o distorsionamos la realidad.

Capítulo 23. Chupando tranquilamente

Aquella noche me la tomé con total tranquilidad. Dejé que mis necesidades básicas fueran colmadas sin ningún tipo de sentimiento de culpa. Necesitaba que mis niveles de egoísmo se restablecieran lo antes posible. Tras el baño caliente me tumbé en la enorme cama que me habían reservado en un hotel a medio camino de mi tercer destino. A veces el tener más espacio de lo normal para dormir te produce una sensación extraña de estar desperdiciando tiempo y dinero pero, si hubo cierta desazón, la calmé con una tarrina entera de helado *Gilfford´s* de chocolate.

El televisor situado delante de mí me recordó que en solo dos días debía aparecer en el Show de Graham Norton. Aquella noche, sentados en el enorme sofá rojo, eran Russell Crowe y Kylie Minogue quienes reían recordando una escena antigua de la serie *Neighbours* y el público comprobaba lo majos que parecían y lo bien que se conservaban. Realmente los años no habían hecho más que mejorar su aspecto físico y su capacidad de conectar con la audiencia.

Pero… ¿qué iba a hacer yo en ese programa?. Entendía que era una ocasión única para que clientas de alto standing empezaran a utilizar nuestros servicios, pero me surgían numerosas dudas al respecto. Por mi trabajo yo no podía presentar claramente mi identidad dado que mis posibles objetivos me podrían en ese caso identificarme fácilmente y tampoco podía hablar de casos particulares ya que nuestra premisa era la máxima confidencialidad. Sobre todo esperaba que no me anunciaran como la Doctora Deseo y que, aunque la entrevista fuera desenfadada, no cayéramos en tópicos facilones. Pensando en todo aquello, hubo algún instante en el que el helado de chocolate se me empezó a resistir, pero enseguida me autoconvencí de que mi aparición iba a ser genial, como siempre, y de que hasta mis padres, perdidos por las islas griegas, iban a tener que admitir que su hijita había conseguido cosas importantes. Cuando la tarrina de helado quedó totalmente vacía estiré, no sin esfuerzo, mi brazo izquierdo para alcanzar el dossier que las trillizas me habían preparado para el tercer candidato. En cuanto lo cogí me di cuenta de que era asombrosamente más delgado de lo habitual:

—Nombre : Harry.

—Complexión física: 70 Kilos aprox., pelo largo, ojos profundos y oscuros.

—Capacidades intelectuales: alta inteligencia y capacidad de aprender en situaciones diferentes.

—Competencias personales: No especialmente expresivo, cercano en el trato

—Modo de localización: 7:00 AM, vestíbulo del hotel.

—Material de apoyo: vestimenta acorde con la situación.

Teniendo en cuenta la poca información que me habían proporcionado, les llamé un tanto desconcertada. Ellas, como es habitual, prefirieron no contestar. Seguí viendo la televisión un rato y solo recuerdo a Russell Crowe justificándose ante al publico después de ver algunas imágenes de sus comienzos interpretativos diciendo *"era joven y necesitaba dinero".* Después, caí rendida.

A las 06:15 de la mañana alguien empezó a llamar a la puerta de mi habitación. Al principio pensé que era uno de mis sueños pero pronto me rendí a la evidencia: desde mi oficina habían dado órdenes en el hotel de despertarme a esa hora para proporcionarme la vestimenta adecuada para mi tercera misión. Cuando abrí la puerta un chico serio perfectamente uniformado portaba un gran paquete en sus manos que me ofreció amablemente y sin esperar a recibir ninguna propina me recordó que debía bajar al vestíbulo del hotel en media hora porque un tal Harry me estaba esperando. Cerré la puerta y coloqué la caja encima de uno de los escritorios que adornaba la habitación. El paquete no era especialmente pesado pero sí voluminoso. Antes de abrirlo lo estuve contemplado, tratando de imaginarme qué sorpresa me habrían preparado esta vez mis queridas compañeras. Lo de hacerme pasar por trabajadora de hogar tuvo su momento cómico y hacerme entrar en un programa de adelgazamiento de alto standing pudo ser una alternativa, pero en esos momentos cualquier cosa más ordinaria que un traje marfil sin mangas del tipo del que Annie Lennox luce en la última campaña de la fotógrafo Anne Leibovitz me produciría una gran desilusión.

Abrí el paquete ayudándome de un pequeño utensilio de manicura que siempre llevaba conmigo y abrí lentamente la tapa. Lo primero que vi fue una especie de plástico verde que resultó ser una capa para protegerme de las inclemencias del tiempo, debajo unos vaqueros y ya en el fondo unos zapatos tipo *trekking* que seguro que no eran para ir por la ciudad o presentarme en un cóctel de gala. En aquel instante sentí cómo todos los malos pensamientos posibles se agolpaban tras mi frente y quise salir directamente disparada hacia mi oficina. Las trillizas se habían superado. Pero el enfado pronto se transformó en nerviosismo por no llegar a la cita que tenía en el *hall* del hotel. La descripción era especialmente escueta pero confiaba en que a esas horas de la mañana pocas personas estuvieran todavía levantadas. Me disfracé lo mejor que pude con la maravillosa vestimenta que me habían proporcionado para que no pareciera que iba a una de aquellas horribles excursiones de mis años de internado, cogí el dossier, el móvil, el bolso, la maleta y bajé al vestíbulo. Cuando las puertas del ascensor se abrieron la panorámica era como me la había imaginado. Nadie. Nadie, absolutamente nadie, estaba esperándome en el *hall*. Arrastrando la maleta di una pequeña vuelta para cerciorarme de que era la única persona que deambulaba a esas horas y sin paciencia para esperar después de haber madrugado me acerqué a la recepción. Al ¡*clínnn*¡ del típico timbre de mostrador, el mismo chico serio y uniformado que me había entregado el paquete salió de un cuarto contiguo.

—¿Desea algo, señora? —preguntó amablemente.

—He quedado aquí con un tal Harry. ¿Sabe usted si se encuentra ya en el hotel?

—Perdóneme, señora. Como no le he podido dejar entrar, le espera en la puerta —dijo igual de serio.

Me extrañó muchísimo que no le hubieran dejado pasar, pero en aquel momento preferí pasar directamente a la acción. Me acerqué a la enorme puerta acristalada que llevaba al exterior y al acercarme ésta se abrió de para en par. Arrastré mi maleta, crucé el umbral y miré a derecha y a izquierda buscando a la persona con la que me había citado. Durante unos segundos fui incapaz de ver nada más que un precioso jardín perfectamente cuidado, unos árboles frutales que estaban prácticamente sin hojas y una luz tenue del sol que alumbraba toda la puerta del hotel hasta que noté cómo algo viscoso tocaba mi mano. Aunque la sensación fue de un profundo asco antes de salir corriendo bajé la mirada para quién me estaba chupando de un modo tan… húmedo. No me podía creer, a mi izquierda un san bernardo más grande que una vaca me miraba con sus ojos tristones mientras lamía tranquilamente mi mano.

—Lo siento, señora, pero no le hemos podido dejar entrar. Son las normas del hotel —dijo el chico serio y uniformado.

—¿A quién?

—A Harry, claro está.

Setenta kilos, pelo largo, ojos profundos, inteligente, cercano…. ¡Harry era un perro! ¡Un bicho enorme, peludo y jadeante que no paraba de lamerme! Estaba a punto de empezar a gritar cuando noté cómo un mensaje acababa de llegar a mi teléfono. Eran las trillizas:

—Hola…

—¿¿¿¿¿¿Hola?????? —contesté.

—Ya vemos que has conocido a Harry.

—¿Pero esto qué es, una venganza?

—No, es tu salvoconducto para poder establecer el encuentro con el siguiente objetivo. Debes ir a Castle Combe, acércate al Pub *Dirty Dick´s* y allí te darán las llaves de tu hospedaje.

—¿Y quién es mi objetivo?

—Se llama John Milgram.

—¿Y qué datos tengo de él?

—.......

El mensaje no hizo doble clic. Se habían desconectado.

Capítulo 24. Otra ronda, bolas rojas y amarillas

A las siete y cuarto de la mañana estaba enfundada en un traje de safari con un San Bernardo como compañero camino de una aldea perdida al norte de Wiltshire. Era mi última oportunidad de encontrar al hombre ideal para mi clienta, ya no disponía de más candidatos y esta vez no podía fallar. El trayecto, aunque relativamente corto, se alargó un poco al tener que devolver a la madre tierra los líquidos que tanto Harry como yo habíamos ingerido antes de nuestro viaje.

Al llegar a Castle Comb tuvimos que cruzar primero un pequeño puente y llegamos a una encrucijada de tres calles donde habían colocado un pedrusco de esos para atar a los caballos. Mi carácter eminentemente urbanita chocaba bastante con el entorno al que me tenía que enfrentar , más aún con la maravillosa compañía que las trillizas me habían elegido para poder realizar mi encuentro.

No había nadie por las calles y el silencio de la aldea

solo se rompía por los juegos de algunas gallinas que paseaban tranquilamente por la calle y por los chapuzones de una especie de ranas que se bañaban en el río que atravesaba el pueblo. Como a simple vista no había nadie a quién preguntar, até a Harry, me volví a colocar las gafas de sol y me dispuse a dar un paseo. Las casitas apostadas a los lados de las calles estaban prácticamente pegadas las unas a las otras, sin apenas dejar espacio a que el viento pasara entre ellas. Casi todas disponían de pequeños jardines cuidados en su parte frontal y de huertas de mediano tamaño en la parte trasera. Las pocas calles que había en la aldea iban a parar a una iglesia medieval con una torre blanca y alargada culminada por una pequeña cruz de hierro. Descubrí algunos comercios que discretamente se escondían entre las casas: una tetería, y una especie de tienda de esas que encuentras desde adaptadores de enchufes para ir al resto de Europa como un dentífrico blanqueante de última generación. Tras unos minutos andando en los que Harry no hacía más que ir detrás de todos los bichos que habitaban la aldea finalmente encontré el lugar donde me iban a proporcionar las llaves para poder alojarme. Enganché al perro a una barandilla y entré.

El *Dirty Dick´s* debía de ser un conocido pub, frecuentado por comerciantes que hacían la ruta por esta zona y por los empleados de los establecimiento que lo rodeaban. Nada más llegar, me hice un hueco en la barra y me dispuse a satisfacer mis deseos con lo que allí se me ofrecía. En cualquier otro momento habría elegido algo fresco y suave para disfrutar de la llegada a mi destino, pero teniendo en cuenta que no sabía cuál iba a ser el devenir de los acontecimientos opté por algo diferente. En cuanto vi al caminante dibujado por Tom Brown, supe que un *Johnie Walker* con mucho hielo iba a ser mi nuevo invitado. Delante de mí un vaso tipo Riedel, tres enormes cubos de hielo y el líquido color oro viejo que se deslizaba tranquilamente siguiendo los círculos que marcaba mi mano. Acerqué mis labios y el aroma a malta me inundó por completo. Con los ojos entreabiertos empecé a contemplar cómo el líquido se acercaba tímidamente hacia mi boca. Los cerré y esperé a que se produjera el ansiado contacto…

—¿Sabe por qué este lugar se llama así? —me preguntó una voz directamente en mi oreja derecha, haciéndome devolver el vaso de nuevo a la barra.

Me giré irritada y a mi derecha había un hombrecillo trajeado apoyado en la barra.

—¿Cómo dice?

—Le preguntaba si sabe por qué este sitio se llama el *Dirty Dick's*.

—No, lo siento —respondí dándome cuenta del enorme error que estaba cometiendo al entrar en conversación.

El hombrecillo con pinta de vendedor de utensilios de cocina no tardó en acercarse todavía más. Su aliento me indicó que él ya se había bebido al caminante, a su mujer y al resto de su familia. Intenté poner cara de pocos amigos pero en las condiciones en las que estaba seguro que mi mueca de desagrado le habría parecido una dulce sonrisa.

—Pues mire, hace tiempo hubo un ferretero que vendía sus cacharros en un pequeño comercio justamente donde ahora estamos nosotros. Todo le iba bien, el negocio le funcionaba y estaba enamoradísimo de una muchacha que había conocido en un pueblo cercano…

—Perdone —le interrumpí—, es que estaba a punto de tomarme una copa…

—Beba, beba, por mí no hay problema. La noche anterior a su boda la muchacha murió de repente. El ferretero quedó destrozado, un hombre roto, y pasó por las típicas fases que alguien vive cuando muere su pareja.

Yo le miré con cierto asombro.

—Si, mujer, sí. Cuando alguien querido fallece se van sucediendo diferentes momentos, algunos son rápidos y otros son casi eternos. Primero te sientes como abobado, niegas que lo que te ha pasado e intentas que el dolor no te llegue tan adentro. Después empiezas a buscar y aquí te puedes pasar toda tu vida. Por un lado, se acepta que la pérdida ha ocurrido pero por el otro se alimentan ilusiones, expectativas y esperanzas de búsqueda y recuperación de la persona perdida. Posteriormente ya solo tienes dos opciones: o caes en una profunda tristeza o asumes tu realidad y reinventas tu vida.

—¿Y qué hizo nuestro ferretero? —ya estaba interesada en la historia.

—Pues durante mucho tiempo no se lavaba, no se cambiaba de ropa y se dedicaba a almacenar todo lo que se iba encontrando. Los vecinos de los alrededores eran gente pudiente y frecuentemente se deshacían de objetos que para ellos ya no valían nada pero que para nuestro protagonista representaban una oportunidad para desempeñar su oficio. Era como si aquel hombre intentara arreglar su desgraciada vida recomponiendo los objetos de los demás, ¿me entiende? Después de unos años nuestro ferretero murió. Uno de los vecinos no perdió la oportunidad de hacerse con el establecimiento y resultó que lo que guardaba dentro era mucho más valioso que el propio edificio. De este modo y utilizando todos los objetos que había ido arreglando se creo el *Dirty Dick's*. ¡Y aquí lo tiene en todo su esplendor!

Miré a mi alrededor y fue entonces cuando me percaté de la decoración. Realmente el lugar hacía honor a su nombre. Las botellas y tarros que se agolpaban en las estanterías tenían una capa de polvo que impedía ver casi hasta las marcas de los productos, las bombillas que iluminaban la barra no eran de baja intensidad sino que la capa de suciedad que las cubría hacía una especie de efecto pantalla y, para colmo de los horrores, entre los diferentes utensilios de cocina se podía adivinar alguna especie de animal disecado. Parece ser que los nuevos dueños decidieron mantener el lugar intacto para que no perdiera su encanto. El hombrecillo que tenía a mi lado decidió respirar y continuar tragando el líquido viscoso que se estaba tomando. Yo, visto que tenía una pequeña tregua en nuestra conversación, di un sorbo a mi whisky.

—¿Y qué hace una mujer tan bonita como usted en un sitio tan sucio como éste? —volvió a la carga.

—Vengo a pasar unas pequeñas vacaciones y me han dicho que aquí me darían las llaves del lugar donde me voy a hospedar.

—Pues hoteles por aquí, pocos —dijo el hombrecillo—. Como no sea el *B&B* que regente John...

¿Un Bed&Breakfast? ¿Mi último candidato tenía un Bed&Breakfast? ¿Pero qué tipo de empresario de éxito me habían preseleccionado las trillizas? En aquel momento no entendía nada: ni el lugar era el apropiado ni la supuesta profesión de mi candidato tenía el nivel que mi candidata había solicitado.

—¡¡¡John, muchacho, aquí tienes una clienta!!! —gritó el hombrecillo dándose la vuelta y dirigiéndose a un hombre que estaba sentado juntado al billar con unos amigos.

Echando un primer vistazo, delgado unos 70 Kilos, pelo un poco largo y ojos profundos y oscuros....¡¡¡Dios mío, igualito que Harry!!!

—Buenos días, ¿es usted John Milgram? —pregunté para confirmar su identidad.

—Sí, señora, pero con John es suficiente.

—Me parece que usted me puede indicar dónde voy a pasar la noche.

El grupo de amigos empezó a reírse

—No les haga caso, cuando llevan más de dos días encerrados en este tugurio sin que les dé la luz del sol no hacen más que tonterías. ¿Sabe usted jugar al billar?

—Pues no, pero yo solo quiero las llaves para…

—Seis agujeros, bolas rojas y amarillas. Primero da a la blanca y consigue que golpee una de las suyas y que con suerte entre dentro de uno de esos malditos agujeros.

—Oiga, yo solo quiero las llaves.

—¿Qué esta bebiendo? —Preguntó sin escucharme—. ¡Eh, sácale otra, que la señora se queda a jugar!

Lo cierto es que hay situaciones en las que es preferible dejar de controlar. Mi plan inicial consistía en instalarme tranquilamente y poder tener una charla tranquila con mi candidato pero terminé pasando la tarde jugando al billar y bebiendo bastante más de la cuenta. De vez en cuando mi estómago se quejaba y pedía algo de comer y, si sobraba algo de los platos que íbamos dejando en la barra, se lo sacaba a mi compañero de fatigas que tranquilamente esperaba a la puerta del pub.

A no sé qué horas, cuando el sol ya llevaba bastante tiempo dormido, John me indicó que estaba harto de ganarme y que lo mejor era indicarme dónde estaba mi nueva residencia. Le dije que le seguiría con el coche para no perderme y fui sacando las llaves. Las risas de sus amigos resonaron por todo el pub. Mi alojamiento estaba a pocos metros del local.

—¿Y este perro? —preguntó al salir del Dirty Dick´s.

—Es Harry, es clavadito a ti —dije sin pensar y por efecto de la cantidad de whisky que había bebido.

—Pues dígale a su perro que cuidadín con Trotsky.

—¿Trotsky?

—En este pueblo, señora, además de gallinas y sapos, también hay ratones. Y nada mejor que un gato para que no le molesten a uno.

"Perfecto", pensé mientras nos acercábamos a la puerta de mi residencia.

—Mire, yo vivo justamente aquí al lado. Tiene sábanas limpias y todo lo que pueda necesitar. Mañana por la mañana hasta las 9:00 podrá desayunar en mi casa, aunque teniendo en cuenta las horas a las que nos estamos acostando, con usted haré una excepción y ampliaré el horario hasta las 12:00. Buenas noches, señora.

Y dándome las llaves se despidió.

Capítulo 25. Café recién hecho

Estaba tumbada en una preciosa playa privada, las olas rompían con tranquilidad sobre una arena finísima que reflejaba la luz del sol. Una enorme pamela me cubría y dejaba que la brisa acariciara con cuidado mi rostro. A mi lado una mesita donde reposaban mi *e-book* y un mojito de fresa. Miré al frente y contemplé cómo el mar se fundía con el cielo. Cerré los ojos y alargué mi mano para saborear el mojito pero, al ir a coger la copa sentí que mis dedos se metían dentro de ella. Traté de sacar la mano pero me resultaba imposible. Por más que lo intentaba mi mano permanecía dentro de la copa, pringándose con el rojizo líquido y de repente….¡desperté!. Mi amigo Harry lamía con cariño mi mano derecha, que colgaba de uno de los lados de la cama. Mi cabeza estaba totalmente incrustada en la almohada y el cuerpo me pesaba como si hubiera llegado a aquel pueblo andando en lugar de en coche. Traté de moverme con cuidado y sentí que mi cerebro golpeaba con fuerza mi frente. La resaca de la noche anterior me hizo recordar enseguida dónde estaba y cuál era mi objetivo. No tenía ni idea de qué hora era, pero el sol me indicaba que las 9:00 de la mañana habían pasado ya hace un buen rato. Me acerqué al baño y mojé las partes de mi cuerpo que más en evidencia me podían dejar. Bajé las escaleras de la casa y abrí la puerta.

Castle Comb estaba igualito de cómo lo había dejado, tal vez con más luz, pero con las mismas casitas, las mismas gallinas y los mismos sapos chapuceando en el río. Acordándome de Trotsky, el gato de mi candidato, até a Harry a uno de los pilares, indicándole con una dulce caricia que "mamita" volvería pronto a darle una vuelta.

La casa de John estaba casi pegada a la mía. Solo un pequeño jardín la separaba. Me acerqué y golpeé suavemente con los nudillos en la puerta. Tras varios intentos y al ver que no obtenía respuesta, decidí bordear la casa para ver si lo encontraba en la parte trasera. Su casa era ligeramente mayor que la mía y disponía de una cuidada huerta y de un pequeño puentecillo que cruzaba el río. En un primer vistazo no le vi, pero después de unos segundos las risas de unos niños hicieron que dirigiera la mirada hacia el río. *"¡No me lo puedo creer!"*, recuerdo que pensé. John estaba con una pequeña canoa enseñando a dos enanos rubios a utilizar los remos. Aunque iban bien pertrechados con trajes de neopreno y hacía un tiempo excelente para la época del año, no pude evitar sentir frío. Y no solo pensando en la temperatura del agua, sino porque vinieron a mi mente sospechas desconcertantes. Había pasado de un hombre trabajando con su ex mujer a otro con hijos. Las trillizas aparecieron fugazmente en mi mente rodeadas de veinte san Bernardo chupándoles las piernas.

—¡Buenos días! —gritó John con medio cuerpo metido en el río.

—¡Buenos días!, siento el horario…

—No hay problema, bienvenida a Castle Comb, aquí ni la iglesia toca la campana para dar las horas.

John salió del río e indicó a los chavales que sacaran la canoa. Los dos rubios le obedecieron inmediatamente y se fueron a jugar con unas ramas que habían dispuesto en forma de cabaña.

—Estos son Mike y Adrian —me dijo mientras miraba sonriente cómo hacían de arquitectos.

—¿Sus hijos? —pregunté con miedo a la respuesta.

—Ojalá fueran mis hijos. Yo ya tengo a Trotsky, que da más trabajo que veinte de estos. Mike y Adrian son hijos de un granjero de la aldea. Les enseño a utilizar la canoa y a pescar los pocos peces que soportan este agua tan helada. Pero bueno, usted querrá desayunar, ¿no?

—Pues no sé si es hora de desayunar, almorzar o cenar.

—Es la hora de comer lo que más le apetezca.

Queso, huevos, tocino y zumo de naranja.

Mermelada de fresas silvestres, tostadas y un café maravilloso. Todo dispuesto en una pequeña mesa y rodeada de unos pequeños árboles que decoraban la parte trasera de la casa, aprovechando el día anormalmente cálido para la época del año. John me invitó a sentarme y entró en la cocina para tostarme un poco más de pan viendo cómo estaba saboreando todo lo que me había preparado. Cerré los ojos y empecé percibir miles de cosas que, aunque comunes para otras personas, a mí me parecían algo totalmente nuevo: un hombre me hablaba desde la cocina mientras me preparaba el desayuno, un aroma a café recién hecho impregnaba el jardín, se escuchaba el río, los grillos y a dos chavales jugando al fondo a indios y a vaqueros y yo dejaba que el sol calentara mis brazos e iluminara mis parpados. En aquel momento pude sentir lo que otras personas habían sido capaces de alcanzar en su vida. Sabía que era un espejismo, sabía que era mentira, pero aquella sensación me pareció realmente maravillosa.

—¿Querrá un poco más de café?

Me desperté nuevamente

—No, muchas gracias, es suficiente . Ha sido un desayuno estupendo.

—Y dígame, si no es indiscreción, ¿qué hace una mujer como usted….?

—¿…en un sitio tan sucio como éste? —respondí acordándome de mi conversación con el hombrecillo del bar.

John sonrió sin comprender mucho.

—No le haga caso —me dijo cuando se lo expliqué—. Créame si le digo que es una buena persona, pero cuando bebe demasiado se pone un poco pesado. Agradezca que al menos le entendió. Yo me he pasado noches enteras con él sin comprender ni una sola palabra de lo que decía.

—En realidad la conversación llegó a ser hasta interesante, la historia del *Dirty Dick´s* con lo del ferretero y su mujer tenía algo de melancólica…

—De melancólico y de realidad —me respondió sin dejarme continuar—. Todos en mayor o menor medida hemos sufrido una separación, una pérdida y casi todos hemos reaccionado del mismo modo

—No quiero meterme donde no me llaman, pero ¿usted perdió a alguien importante?—pregunté.

—Sí y afortunadamente… —John empezó a reírse—. Hace un año perdí…¡mi trabajo!

Los dos chavales rubios ya habían construido una auténtica fortificación. La supuesta cabaña disponía de una puerta de entrada construida con unos tablones viejos y de una pequeña ventana desde donde habían pensado hacer una tienda de dulces para que los demás chavales dejaran su paga. Solo les faltaba un palo suficientemente largo como para poder poner en lo alto una bandera que indicara el nombre de su fuerte. En cuanto John les escuchó, entró en una especie de cobertizo que tenía justo al lado de la huerta y les proporcionó uno de más de dos metros, perfecto para lo que querían. Les sacó además un trozo de tela y les prometió que cuando terminaran de pintar el escudo y el nombre de su fortificación él les ayudaría a clavarlo en el palo. Los pequeños se pusieron en seguida manos a la obra y él se volvió a sentar tranquilamente a mi lado.

—Mire, yo llevaba más de quince años en una empresa informática. Proporcionábamos servicios de mantenimiento a las empresas más importantes de la zona y yo dentro de mi cartera de clientes tenía a dos de las multinacionales con más renombre del país. El servicio que dábamos era buenísimo y los clientes estaban realmente satisfechos con nosotros. El problema surgió cuando el trabajo se empezó a personalizar, ¿me entiende usted?

Le sonreí y le hice una pequeña mueca haciéndole entender que no le estaba comprendiendo.

Después de tantos años las empresas clientes no querían que fuera cualquier persona de la firma a hacer el trabajo, querían que fuera yo. Lo que en un principio fue un halago y un reconocimiento finalmente se convirtió en un callejón sin salida. Yo pedí que me dejaran enseñar a mis colaboradores cómo realizar el trabajo y que además éstos me fueran acompañando paulatinamente en las visitas al cliente. Yo les expliqué que si delegando conseguía disponer de más tiempo, tendría la posibilidad de anticiparme a las necesidades del cliente y de ofrecerles cosas que ninguna otra empresa iba a ser capaz de presentarles.

—Vamos, que lo que usted quería era no hacer de cuello de botella, sino enseñar a otros a hacer su trabajo y así poder seguir innovando para sus clientes.

—¡Justamente!

—¿Y por qué no aceptaron esa idea? Todos salían ganando.

—A simple vista sí. Pero las empresas pecan de poca visión de futuro y aunque dicen que quieren crear, innovar o como le llamen, en momentos de crisis priman los resultados inmediatos y entonces...

—¿Qué paso?

—Pasó que me prometieron que iban a rediseñar mi puesto, que me iban a permitir desarrollar a mis colaboradores y que iba a poder dedicar tiempo a ofrecer cosas nuevas a nuestros clientes. Lo que sucedió es que sólo un mes más tarde, una empresa se interesó por nosotros y pidió, por referencias, que yo personalmente hiciera el trabajo. En aquel momento yo les recordé el acuerdo que habíamos alcanzado y les pedí que me acompañara alguien más para poder delegar finalmente el proyecto en él. Como usted se imaginará, ellos se negaron y me dijeron que no era el mejor momento debido a la envergadura e importancia del posible cliente.

—¿Y qué hizo entonces? —le pregunté.

—¿Sabe usted en qué momento una pareja se empieza a romper?

Yo, sorprendida por la pregunta, negué con la cabeza.

—Con una mentira. Cuando una de las partes miente a la otra es el principio del fin. En la pareja las mentiras son diversas: dinero gastado en algo que la otra parte no acepta, flirteos o relaciones con otra persona y cientos de cosas más.

—¿Y en la empresa?

—Muchísimas: diferencias entre lo que se dice que es importante y lo que realmente se hace, diferencias entre lo que se transmite que se valora y lo que se paga al final de mes, contradicciones entre la imagen externa que se muestra al cliente y la que se da a los trabajadores y, cómo no, promesas que se hacen solo para aplazar el conflicto. La pareja, como el trabajo, se basa en la confianza y cuando sabes que la otra parte te está mintiendo solo tienes dos caminos: quedarte con ella sabiendo que te está engañando o…

—... o irte —respondí.

—Eso es. Y cuando decides irte pasas por esos momentos que su compañero de barra de ayer le indicó. Niegas que te esté sucediendo eso a ti. Descubres que la empresa de la que has estado enamorado durante tanto tiempo te está engañando. Te enfadas, te enfadas muchísimo, pero finalmente aceptas la realidad. La organización no va cambiar pero tú sí que tienes alternativas. Y entonces pegas un portazo y te vas.

—Y tu mujer, perdón, tu empresa ¿te deja ir sin más?

—Claro que no, esa es la etapa más dura. Primero te piden explicaciones y cuando se dan cuenta de que la decisión está tomada comienzan con el chantaje emocional: que si eres el mejor profesional, que si piénsatelo bien no vaya a ser que te estés equivocando, que si ya has pensado qué vas a hacer sin ellos…

—Es decir, en realidad te querían.

—Cuidado con las empresas que te dan tanto amor, o al menos ese tipo de amor. No me querían a mí, querían al John que estaba satisfaciendo sus necesidades y eso se demostró en el mismo momento en el que di el portazo. Cuando te atreves a terminar una relación sientes un maravilloso sentimiento de alivio, te sientes libre, puedes rehacer tu vida y empiezas a ser consciente de tus expectativas, sin importarte tanto las expectativas que los demás tienen de ti.

—¿Y cómo reaccionó la otra parte?

—Pues igual que cuando rompes con una pareja. Al principio todo son buenas palabras y hasta aparecen comentarios de esos tipo *"continuaremos colaborando"*. Pero, usted ya sabe, continuar con una relación de amistad cuando ha habido tanto amor se hace difícil. Y a veces, aunque doloroso, hay que decidir romper del todo. Lo que sucede es que cuando tomas una decisión de ese tipo la otra parte puede reaccionar como una novia despechada y es entonces cuando pasas de ser el profesional más querido a la persona más odiada.

—Cuando le oigo hablar parece que en vez de una empresa, está hablando de una secta.

—Naturalmente. O eres de los nuestros o eres un enemigo. Hay amores que es mejor tenerlos lejos. En este tiempo he aprendido algo que para mí es fundamental: una empresa es buena cuando te quiere como persona y cuando entiende que tu desarrollo no tiene por qué estar en ella. Si el estar con tu pareja te hace ser mejor persona, te permite desarrollarte y crecer y enfrentarte a este mundo sin tanto miedo es que tienes junto a ti a alguien que te quiere.

—Debe de ser maravilloso tener a alguien tu lado que te apoye.

—Es maravilloso poder descansar en alguien y darte cuenta de que en este mundo tienes una persona que quiere lo mejor para ti.

Miré a John. Delante de mí tenía a un hombre que había sufrido, había aprendido y tenía una gran confianza en sí mismo. Hablaba de la empresa y del amor como si fueran lo mismo y durante unos instantes se me olvidó la razón por la que estaba con él.

Según Diane Vagan, la separación, o lo que ella denomina "desacople" se inicia con un secreto. Uno de los miembros de la relación comienza a sentirse incómodo con ella. Esta sensación puede comenzar tempranamente o después de muchos años. Pero el punto crítico radica en que la separación comienza silenciosamente: el compañero insatisfecho generalmente no dice nada.

Capítulo 26. Entre olores...

Terminamos la conversación tomando otro café y contemplando la obra maestra que Mike y Adrian habían construido. Aunque al principio se opuso finalmente John accedió a que le ayudara a recoger la mesa, llevando las tazas, vasos y platos a la cocina. Nada más entrar me impresionó la luz de la casa, no tenía mucha decoración y a simple vista los aparatos electrónicos brillaban por su ausencia. Me explicó que tras tantos años rodeado de ordenadores había decidido dar un cambio radical a su vida y que prescindir de su Mac, la televisión, la radio y el móvil le había permitido ver mucho mejor lo bonito que era todo. En un momento dado me acompañó a ver uno de los pocos aparatos electrónicos de los que disponía. Se trataba de un tocadiscos marca *Garrard* fabricado en los años setenta con una curiosa forma de maletín. Apartó de un manotazo a Trotski que paseaba cerca de nosotros y lo puso en funcionamiento.

—¡Dios mío, *"Stay"* de Maurice Williams and the

Zodiacs! —grité como una quinceañera.

—¿Le gusta?

—Me da vergüenza decirle esto, pero solo los conozco porque estaban en la banda sonora de *"Dirty Dancing"*.

—Patrick Swayze y Jennifer Gray o, lo que es lo mismo, *"Johnny y Baby"* —le miré sin creerme lo que estaba escuchando—. Todos tenemos un pasado y aquí donde me ve sigo llorando cada vez que veo la película —me dijo sin reparos.

Yo tuve de repente el arrebato de decirle *"¡yo también!"* pero mi profesionalidad me ayudó a permanecer callada y a continuar recogiendo. Una vez colocado todo en su sitio, John me indicó diferentes lugares para visitar y se ofreció a darme de cenar si no encontraba otro lugar para hacerlo. La invitación era una oportunidad única para continuar conociéndolo y saber si éste al fin era el candidato perfecto para nuestra señora Sullivan. Salí de su casa y en seguida pude ver cómo Harry me miraba con ojos que transmitían a la vez hambre y tristeza. Le desenganché y me fui con él a dar un paseo.

Castle Comb seguía prácticamente en silencio. La tetería estaba abierta y algún turista movido por el atractivo que daba a la localidad al disponer de un circuito creado en los años cincuenta paseaba su Lotus por sus estrechas calles. Al verlo me acordé de mi Mini Rolls Royce de color diamante negro metalizado y recordé que tenía a mis colaboradoras un tanto olvidadas. Me senté en una pequeño banco de piedra y saqué mi móvil.

—¡¡¡¡Por fin!!!! —gritaron las tres como las Supreme.

—¿Por fin? Bonitas, que fuisteis vosotras quienes cortasteis la comunicación…

—Bueno, ¿tenemos candidato a no?

—Claro que sí, tenemos candidato y lo tengo justamente aquí a mi lado. ¡Venga, Harry, saluda! —dije acercando el móvil al hocico de mi compañero.

—¡Mar, por favor! La Señora Sullivan ha estado llamando y se le está terminando la paciencia. ¿Tenemos o no tenemos a nuestro hombre?

Dejé un lapsus de tiempo para vengarme de lo mal que me lo habían hecho pasar durante toda mi misión, tomé aire y respondí.

—Pues….creo que sí. A primera vista parece perfecto: tiene seguridad, es sensible, buen físico…. Esta noche volveré a estar con él para ver si coincide plenamente con el perfil y en cuanto tenga la decisión os llamaré.

—Perfecto, Mar. Y recuerda que mañana sales en el Show de Graham Norton. Está todo controlado… No se verá tu identidad y las preguntas serán relativas al amor y el trabajo con las nuevas tecnologías de la información.

—¿Y yo que sé de eso? —pregunté.

—Tú sal guapa, di que somos las mejores y que todas las ricas del país contraten nuestros servicios. Un beso guapa.

—Y a vosotras también.

Aunque estábamos llegando al invierno, la temperatura era aquel día realmente agradable. Después de dar un pequeño paseo decidí volver a mi nueva casa, retomar un libro que tenía olvidado hace tiempo y tumbarme en la cama. Creo que solo me dio tiempo a identificar dónde lo había dejado la última vez. La tranquilidad de la aldea hizo que mi cuerpo se relajara más de lo habitual y me quedé dormida.

Cuando abrí los ojos mi habitación estaba ya totalmente a oscuras. Encendí una pequeña lámpara que tenía junto a la cama y saludé a Harry que se limitó a mover ligeramente las orejas. De repente noté un fuerte olor. No sabía decir muy bien qué era, pero realmente la sensación no era para nada agradable. Miré a Harry y le pregunté, como si me entendiera, si se había hecho sus necesidades dentro de la casa. Harry respondió moviendo la otra oreja. Aparté el libro, me levante y me fui guiando por el olfato. Claramente el olor provenía de Harry y me dispuse a confirmarlo. Con cuidado me acerqué a él y descubrí que entre sus patas había algo oscuro.

—Harry, ¿qué tienes ahí? No me voy a enfadar… por favor, enséñale a "mamita" qué tienes ahí.

Harry se movió ligeramente. Me acerqué un poco más y aparté sus patas. La cosa oscura tenía pelo y, que yo recordara, antes hacía ¡miau!

—¡Te has cargado a Trotsky!

Harry ladró.

—¿Y qué hacemos ahora? —pensé angustiada sabiendo que en pocas horas había quedado para cenar con su dueño mientras el enorme San Bernardo me miraba tranquilamente—. Tiene que parecer un accidente.

Cogí al gato con unos guantes de cocina. Estaba sucio y lleno de ramas. ¡Dios mío, Harry se había recreado en su cacería! Lo llevé al baño y lo lavé con agua y con jabón de lavanda para disimular las marcas que mi compañero le había dejado con sus colmillos. Lo sequé ligeramente con una toalla y lo puse debajo de un pequeño secador de viaje. Tras unos minutos de chorro de aire caliente parecía más un gato de angora. Lo introduje en una bolsa y sin perder tiempo salí con él de casa. La calle estaba vacía y tan solo unos metros me separaban de la casa de John. Si hacía mis movimientos con rapidez nadie se percataría de nada. Miré a derecha e izquierda y casi sin respirar corrí hasta su puerta. Saqué el gato de la bolsa y lo coloqué en el felpudo verde que adornaba la entrada. Miré nuevamente a la calle y regresé a casa como alma que lleva el diablo. Cerré la puerta y volví a mirar por la ventana para comprobar si algún vecino podía haber visto mi escaramuza. Castle Comb permanecía tranquilo y yo disponía de media hora para adecentarme, presentarme en casa de John y aparentar sorpresa por el trágico accidente. Estaba todo controlado.

Capítulo 27. ...y más olores

Aunque la vestimenta que me habían proporcionado las trillizas era lo más alejado a algo femenino una mujer como yo, con recursos y siempre alerta ante cualquier imprevisto que pudiera suceder en una de mis misiones, siempre llevaba conmigo algún que otro trapillo para salir del apuro.

Me metí en la ducha y me enjaboné para quitarme el olor que Trotski me había dejado. Al salir me envolví en una toalla y estuve apunto de empezar a secarme el pelo pero al oír un ladrido de Harry me acordé del último uso que le había dado al secador y con miedo a que algún pelo rebelde hubiera quedado como recuerdo de la hazaña decidí que el pelo se secara al natural. Saqué de la maleta un maravilloso vestido de Karen Millen de color rojo, unos zapatos negros de Hugo Boss y un bolso de mano de Coast que me iba a la perfección. Cogí las llaves, el móvil, me miré al espejo y me dije "Mar, es tu última oportunidad, tienes que ganarte su confianza, debes saber si es él y sobre todo debes saber disimular: "¿Que Trotsky ha aparecido muerto delante de tu casa? ¡No me lo puedo creer, con lo vivito que parecía esta mañana!".

Me despedí de Harry, le miré fijamente a los ojos y le dije que "mamita" estaba muy disgustada y que, para que aprendiera, le iba a atar con dos correas mientras la profunda mirada de mi compañero expresaba un total perplejidad con todo lo que le estaba haciendo. Bajé las escaleras, abrí la puerta y respiré. Acostumbrada a la ciudad, siempre iluminada, la oscuridad de la noche me hizo sentir todavía más nerviosismo. Respiré profundamente y dejé que el aire saliera lentamente de mis pulmones. Me fijé en mi respiración, en cómo el oxígeno entraba y salía por mi boca y, cuando ya me sentí harta de aire, me dirigí hacia casa de John.

Las luces de la casa estaban encendidas pero desde mi posición todavía no era capaz de ver si el gatito seguía depositado en la puerta. Miré hacia el cielo, vi que estaba totalmente estrellado y le supliqué que mi candidato hubiera recogido ya a su mascota para hacer más fácil mi teatralización. Llegué a los pies de la puerta y….¡bingo, Trotsky ya no estaba!, empezaba el espectáculo. Llamé a la puerta, esperé unos segundos y no obtuve respuesta. Volví a golpear ligeramente más fuerte y seguí sin escuchar nada. Teniendo en cuenta lo sucedido durante la mañana fui bordeando la casa para ver si mi candidato estaba en la parte de atrás. El río casi no se veía pero se escuchaba perfectamente cómo el agua caía tranquilamente y chocaba con las piedras de la orilla. La mesa que durante la mañana estaba repleta de zumo, café, tostadas y mermelada de fresas silvestres ahora solo tenía un mantel claro y un cubo encima. Las ventanas de la cocina reflejaban luz en la parte trasera de la casa y el ambiente que se respiraba era de muchísima tranquilidad.

—¡Buenas noches! —gritó John desde dentro de la casa.

—¡Muy buenas! —le dije yo.

—Ahora salgo. Tómese una cerveza si le apetece, las tiene frías en un cubo junto a la mesa.

La noche realmente era espectacular y la temperatura era más típica de los meses de verano. Me acerqué al cubo y me abrí una cerveza. Después de unos minutos mi candidato salió al jardín.

—Viene usted muy elegante —dijo al verme.

John llevaba unos tejanos, una camiseta gris y un delantal con unos huevos fritos dibujados.

—Sí, puede ser, pero era esto o esas espantosas botas de *trekking*.

—Pues muchísimo mejor esta elección, aunque no sé si el menú que le he preparado es muy acorde con su maravilloso vestido.

—Seguro que sí —le respondí con seguridad.

—Pues allá vamos —y me invitó a pasar dentro de la

casa.

De la cocina sacó dos enormes platos que calificó como las mejores hamburguesas del mundo. La carne de ternera de primera calidad rellena de un maravilloso queso que se fundía y todo adornado con unas enormes patatas fritas y un tomate especiado con pimienta. Tenía un aspecto increíble y el bollo de pan que envolvía este manjar era tan grande que prácticamente se me hacía difícil poderla coger totalmente con mis manos.

—¿Le gusta la mostaza? —me preguntó antes de dar el segundo bocado.

Le respondí afirmando con la cabeza con miedo a que algún trozo de carne se me escapara de la boca. Entró nuevamente en la cocina y sacó un bote enorme de *Colman´s*. Me ayudó a esparcirla y me invitó a que los dos diéramos un mordisco a la vez para constatar al unísono la diferencia de sabor.

—¿Preparada? Una, dos y tres…

Un chorro enorme de mostaza salió disparado de mi bollo y cayó directamente sobre mi vestido rojo de Karen Millen. La rosa que lo adornaba se convirtió de repente en un enorme girasol. Yo me quedé quieta, tenía la boca llena de carne, los ojos de John clavados en mí y una sensación de humedad recorriendo desde mi escote hasta mi tripa. Tras unos segundos de silencio las risas sonaron por toda la casa.

—Ya le decía a usted que venía demasiado elegante.

—Tiene razón, esto es un desastre. Y eso que la hamburguesa está buenísima… —dije mientras reía.

—Suba arriba un segundo. Le dejaré una camiseta y unos pantalones y así no se le enfría este manjar.

Accedí, me quité mi maravilloso atuendo y lo reemplacé por una camiseta blanca de la selección inglesa de rugby y por unos pantalones cortos varias tallas más grandes que los míos. Mientras me cambiaba de ropa escuché cómo John sacaba más cervezas para ponerlas a enfriar y ponía un poco de música en su antiguo giradiscos. Apreté todo lo que pude el pantalón con un cinturón que encontré en uno de sus armarios y metí como pude la camiseta para que mi aspecto fuera algo menos vergonzoso. Cuando bajé su cara reflejó una sorpresa.

—Pues créame si le digo que está todavía mejor así. ¿Terminamos las hamburguesas y nos tomamos otra cerveza en el jardín?

La noche seguía inusualmente cálida, la música que salía de dentro de la casa tapaba ligeramente el ruido del agua del río que caía a pocos metros de nosotros. Las botellas de cerveza se iban abriendo y depositando vacías en el cubo donde los hielos se iban deshaciendo. Sentí que el tiempo pasaba muy lento y mis pensamientos solo estaban en aquella casa. Estuvimos riéndonos durante un largo rato, le pude preguntar por sus aspiraciones futuras y hasta por su vida personal. Me habló de nuevo de su antiguo trabajo e incluso se emocionaba al explicarme que este mundo en el que parece que todos estamos tan conectados nos había llevado a una profunda soledad. Toda la información que me iba proporcionando, corroboraba mi idea inicial de que éste, al fin, era el candidato perfecto. Tras dos o tres bromas relacionadas con mi estilo urbano y mi poca costumbre a los entornos rurales la cara de John empezó a cambiar. De las risas pasó a un violento silencio y me miró callado durante unos segundos

—¿Sucede algo? —le pregunté al percatarme de su cambio de expresión.

—Sí, no se lo he contado todavía pero…

Entonces recordé al pobre Trotsky y todo lo que había sucedido tan solo unas horas antes.

—¿Qué sucede? —pregunté sacando de nuevo mi faceta teatral.

—Pues me ha sucedido algo muy extraño. ¿Se acuerda de Trotsky?

Noté entonces cómo mi saliva tenía serias dificultades para pasar por mi garganta.

—Claro, su gato…

—Esta mañana, nada más irse usted, el vecino de enfrente le ha pegado un golpe con su tractor y el pobre animal ha muerto. Casi enseguida lo he cogido y lo he enterrado aquí en al jardín y lo extraño de todo esto es que hace unas horas ha aparecido en el felpudo junto a mi puerta, totalmente limpio y reluciente.

En aquel momento no supe qué cara poner. El bueno de Harry solo había desenterrado al pobre bicho y yo pensaba que había sido el culpable del asesinato. Intenté poner cara de tristeza o sorpresa pero la situación era tan ridícula que no podía parar de reírme por dentro. Bajé la cabeza intentando disimular y entonces John me dijo:

—¿Y sabe, además, qué me parece todavía más extraño?

Abrí los ojos y negué con la cabeza.

—Pues que no solo estaba limpísimo, sino que también despedía un agradable olor a lavanda, como el del jabón que utilizo yo en casa. ¿Tiene algo que contarme?

En aquel momento empecé a disculparme por todo lo que había sucedido. Le expliqué la imagen que me encontré tras mi siesta durante la tarde y cómo lo lógico era pensar lo que yo había pensado. Le conté cómo agarré al pobre gato y lo bañé y sequé con mi secador y cómo, cual delincuente, lo puse delante de su casa. John no paraba de reírse haciendo referencia a cómo se iban a reír el resto de vecinos de Castle Comb de todo lo sucedido. El resto de la noche continuamos llevando al absurdo la muerte del pobre Trotsky y nos bebimos todas las cervezas que mi candidato guardaba en la despensa. Cuando terminamos yo le dije que al siguiente día por la mañana tenía que salir de viaje pero que tendría seguro noticias mías. En aquel momento sentí que la misión había concluido. Me quedaba solo una pequeña aparición en la televisión y vuelta a la oficina con mis queridas trillizas. Le ayudé a recoger la mesa y me fui dejando tras de mi la música que sonaba desde la cocina.

Capítulo 28. Tragando saliva

—¿Estás bien, Mar?

—Sí, todo bien.

—¿Qué tal el viaje?

—Perfecto.

—¿Qué has hecho con el perro?

—Lo he dejado con John, creo que necesitaba una mascota nueva.

—Entonces… ¿tenemos a nuestro hombre?

—Sí, le he comentado que me tenía que ir pero que nos manteníamos en contacto.

—¿Y por qué no estás contenta si ya has terminado tu misión? Cuando termine tu aparición en el Show ven directamente a nuestras oficinas, la Sra. Sullivan está esperando resultados.

—Perfecto, así lo haré.

—Mar…

—¿Qué?

—Tú no estas bien.

—Tranquilas, solo estoy cansada. Me pilláis en el camerino, me están poniendo guapa.

—Vas a estar resplandeciente. Estamos las tres como locas delante del televisor, tócate el lóbulo de la oreja para indicarnos que todo va bien.

—No digáis tonterías. Muchos besos

Al otro lado de la habitación se podían escuchar las voces, los aplausos y las risas de los espectadores del Show de Graham Norton. Según me había comentado el realizador del programa justo antes de mí Gary Oldman, Toni Collette y Nick Frost estaban haciendo las delicias del público. Recordando la temática por la que me habían invitado, me explicó que en una parte de la entrevista un robot enano se iba a poner a bailar la última canción de moda para hacer las delicias del público y que lo que querían es que yo diera mi testimonio acerca de las nuevas tecnologías y su repercusión en el amor. Me peinaron, me maquillaron y me recordaron que, según el acuerdo, podía salir con gafas de sol para mantener oculta mi identidad y así poder seguir realizando mi trabajo desde el anonimato. Elegí unas maravillosas Perrín lo suficientemente oscuras y grandes como para poder refugiarme detrás de ellas sin ningún tipo de problemas. Los aplausos se sucedían y mis nervios cada vez iban en aumento. Me ofrecieron agua antes de salir y me recordaron cómo estaba dispuesto el plató. Decorado en rojo y tonos brillantes, disponía de un sofá curvo también rojo y de una mesa en la que a modo de decoración solía haber fruta fresca. Una pantalla de televisor en la que se iban insertando imágenes y un aforo de trescientos espectadores deseosos de pasar un buen rato. Tras unos segundos me acompañaron hasta un pasillo, era el momento de desplegar todos mis encantos frente a la cámara

—¡Y ahora con nosotros...*La Doctora Deseo*!

No me lo podía creer, la primera en la frente. Pensé enseguida en las trillizas encantadas de dar publicidad a la empresa con ese sobrenombre y en mi hermano Robert muerto de risa. Intenté no pensar en nadie más y tragué saliva.

Capítulo 29. ¿Hambre?

El *"Dirty Dick´s"* estaba abarrotado. A esas horas muchos preferían terminar el día tomando una copa con los amigos en lugar de estar en sus casas. En la barra dos personas cenaban un poco de pollo regado con litros de cerveza. Las bolas del billar golpeaban las unas contra las otras y prácticamente no dejaban escuchar ni la música de fondo, ni el televisor que permanecía ignorado en una de las esquinas.

—¿Qué tal John? —le preguntó uno de los jugadores mientras pasaba la tiza sobre su taco.

—Todo bien.

—Se ha ido ya tu inquilina , ¿no?

—Sí.

—¿Y qué tal ayer cenado juntos?

—Cenando.

Visto que las preguntas iban a ir por derroteros un tanto incómodos, prefirió ir directamente a la barra y pedir algo para cenar. Sin querer pensar demasiado y sin que le apeteciera nada en especial, pidió lo mismo que sus compañeros de barra. Miró al frente y se quedó absorto en sus pensamientos.

A cientos de kilómetros las trillizas estaban frente al televisor. Teniendo en cuenta la ocasión, querían que esos momentos fueran de máximo disfrute. Iban a dejar de lado contar calorías y grasas saturadas y se iban a abandonar a un inmenso plato de nachos con queso. De postre helado de cheesecake y, si alguna se quedaba con hambre o la ansiedad le podía, unas palomitas repletas de mantequilla les esperaban en la cocina. Estaba todo preparado, Graham Norton acababa de anunciar a la *"Doctora Deseo"*. Mar salió fantástica, resplandecía, estaba segura de ella misma. Saludó al público y se sentó.

Adelante con el espectáculo.

Capítulo 30. Un beso por un clic

—Buenas noches.

—Buenas noches, Graham.

—Gracias por venir. Espero que lo de *"Doctora Deseo"* no le haya sentado mal. Desde que se hizo famoso su sobrenombre en la revista Vanity Fair, sinceramente no me lo he quitado de la cabeza —dijo mientras salía en la pantalla la portada de la revista con mi imagen camuflada y el público se reía.

—No, tranquilo, no hay problema —respondí.

—Lo primero que me gustaría explicar a nuestro público es que usted dirige una empresa que se dedica a encontrar a hombres perfectos y que debido a esto usted prefiere permanecer oculta tras esas preciosas gafas para poder seguir desempeñando su trabajo. Y ahora va mi pregunta, ¿yo podría ser uno de sus "hombres perfectos"?

El publicó volvió a reír viendo las muecas que

realizaba el presentador

—Seguramente sí…. Aunque lo que no sé muy bien es para cuál de mis clientas.

—*"Touché"* —respondió dándose cuenta de que no me iba a dejar amilanar.

—Nosotras buscamos al hombre que cumpla las expectativas de las mujeres que nos contratan y para conseguirlo hacemos todo lo necesario.

—¿Todo? —preguntó con un tono de voz sugerente.

—Todo… lo necesario — repetí.

—Como usted sabrá acabamos de tener aquí a un pequeño robot bailando mejor que cualquiera de nosotros y parece que la tecnología está superando a las personas. Mi pregunta es ¿en el amor pasa lo mismo?

—Mire usted, le voy a poner un ejemplo. La oxitocina, conocida como la hormona del amor, está asociada con los patrones sexuales, con la conducta paternal y maternal y está también asociada al contacto físico. Pues ahora un estudio ha demostrado que cuando nos conectamos a las redes sociales esta hormona aumenta también.

—¿Vamos a cambiar un beso por un "clic" de nuestro ratón? —preguntó asombrado.

—Lo que vamos a cambiar es el modo de

relacionarnos.

Según un estudio realizado por el investigador Paul J. Zack, profesor de la Claremont Graduate University, dejar un comentario en el muro de un amigo, colgar un tweet o añadir nuevos nombres a nuestra lista de amigos en las redes sociales, podrían tener relación con nuestro bienestar emocional. Este estudio ha encontrado una conexión aparente entre la hormona oxitocina y el uso de las redes sociales, como Facebook o Twitter. Según esta investigación, cuando nos conectamos a las redes sociales, nuestros niveles de oxitocina aumentan.

El presentador se levantó y mirando al público preguntó:

—Me resulta difícil comparar un click con el calor de un abrazo o de una caricia. Fíjese, nosotros en este show estamos continuamente abrazándonos los unos a los otros y nos encanta.

Entonces recordé algo que John me había comentado la noche anterior.

—Es verdad, no se puede comparar, y en el trabajo pasa exactamente lo mismo. Las herramientas de las que disponemos son medios para facilitar nuestra comunicación con los demás, lo que sucede es que para muchos se está convirtiendo en un medio para no enfrentarse a los demás. Hay personas que quieren dirigir sin hablar y que cada vez eligen métodos más "neuróticos", digámoslo así.

—Explíquese, me tiene intrigado

—Mire, antes era el uso del teléfono. Pero ahora disponemos de mail, redes sociales, sistemas de mensajería y todo lo que usted quiera. Cuanto más indirecto es el método que utilizamos más lo vamos a utilizar para evitar enfrentarnos directamente con la otra persona.

—¿Tenemos miedo?

—Claro que sí, tenemos miedo y estamos ansiosos de que nos presten atención. Y mire igual que en el amor sucede en el trabajo. Cuando usted quiere a alguien, considera que esa persona es importante para usted y entonces la atiende.

—¿Y en el trabajo?

—Pues mire, en un empresa basta conocer el tiempo transcurrido en responder a los mensajes de una determinada persona para saber si se trata de un jefe o de un subordinado.

—Claro, por eso conmigo tardan tanto —y se giró mirando a los cámaras y demás compañeros de equipo—. Y una cosa y ¿a usted le responden rápido?

—¿Mis compañeras?

—No…, su pareja.

El público se quedó durante unos segundos en

silencio esperando mi respuesta. Yo contuve la respiración. Sabía perfectamente que lo que estaba a punto de hacer era lo mejor para todos pero pude sentir cómo me lanzaba al abismo. Miré al presentador y sonreí. Me incorporé ligeramente en el sofá rojo y girando mi cabeza a la cámara me quité las gafas. El público estalló en aplausos, la identidad de la *"Doctora Deseo"* era por fin pública. Graham Norton no podía más que ponerse taparse la boca con las manos.

Lejos de allí las trillizas sintieron que los nachos, el helado y las palomitas querían salir de repente de sus estómagos. En el mismo momento en Castle Comb uno de los jugadores de billar gritó:

—¡John! ¿Esa de la tele no es la que tuviste ayer en tu casa?

John levantó la cabeza de la barra, miró el televisor y poco a poco entendió lo que había sucedido. Su empresa le había engañado y él pensaba que en aquel pueblo nadie más lo podría hacer. Se levantó y sin decir nada salió del *"Dirty Dicks"*.

Capítulo 31. El bombón que faltaba

El teléfono no dejaba de sonar. Aunque en un principio decidí dejarlo en silencio el vibrador no hacía más que mover el bolso de un lado a otro del asiento del copiloto. Ya había dado mis explicaciones delante de millones de espectadores, ahora me debía enfrentar a las personas más importantes para mí. Mientras conducía sentía una sensación que hasta ese momento era nueva para mí. Era como si me hubiera liberado de un peso que llevaba tanto tiempo conmigo que yo pensaba que formaba parte de mi propia persona. Estaba contenta, estaba feliz, sentía cómo mi futuro se abría y era yo quien iba a decidir hacia dónde iba. Llevaba tiempo sospechando que mi vida necesitaba un cambio, sabía de qué me quería alejar pero hasta hace unos días no había sabido qué quería alcanzar. Aquella misión me había hecho enfrentarme a mí misma como antes nunca lo había hecho y ahora sentía que me quería más, que la persona que podía ver por el retrovisor era yo misma. Gracias a lo sucedido durante el Show con toda seguridad nuestra empresa daría un salto de gigante, pero yo sabía que ese impulso lo debían pilotar otras personas. Las trillizas estaban suficientemente preparadas y, aunque yo había sido hasta ese momento la baza segura, cuanto más tiempo continuara con ellas menos iban a crecer. Tenía que reencontrarme con lo que quería y debía dejar que los demás hicieran su propio camino. Tantos años buscando el hombre perfecto para otras mujeres habían hecho que me olvidara de mí misma. Era el momento. Todavía no era tarde. Mi vida podía volver a empezar.

Aparqué el coche y me volví a mirar en el retrovisor. Las manos me sudaban y mis piernas estaban temblando. Abrí mi boca lo más fuerte que pude y sentí que la mandíbula prácticamente se me desencajaba. Cogí mi bolso, salí y me dirigí a la puerta. Las trillizas necesitaban una explicación y yo se la iba a dar.

Abrí la puerta y del mostrador asomaron las tres cabezas. Sin decir nada me quedé quieta y espere a ver cómo reaccionaban. Ellas se levantaron, se dirigieron a mi con cara seria y cuando estaban a un metro…

—¡¡¡¡¡Ahhhhhhhhh, ya estás aquí!!!!!! —gritaron las tres mientras me abrazaban y besaban.

—Pero… ¿No estáis enfadadas? —les pregunté asombrada.

Una de ellas me cogió del brazo y mirándome a los ojos me dijo:

—Enfadadas no, enfadadísimas. Nos podrías haber avisado antes, menudo sofocón. Pero bueno, ya tendremos tiempo de hablar cómo nos vas a vender tus acciones y a quién vas a poner al mando de todo esto —y me guiñó el ojo—. Ahora termina lo que has venido a hacer.

En aquel momento recordé que la Sra. Sullivan me esperaba para discutir los resultados de mi misión.

—Bueno, con respecto a nuestra clienta os tengo que consultar algo —dije tímidamente—. Mirad, no sé muy bien por dónde empezar ni cómo decíroslo. Mi vida profesional no es la única que va a sufrir un cambio y tengo dudas: no sé si presentar al hombre ideal a nuestra clienta o…

—Mar, la elección es tuya —me entendieron a la perfección—. En lo que corresponde a nuestra empresa te podemos ayudar, pero nos estás hablando de tu vida. Tranquila, con lo que tú decidas nosotras seguiremos.

Las miré a las tres y empecé a llorar. En un instante acabamos fundidas en un abrazo. Me conocían, sabían todo lo que estaba viviendo en esos instantes y me querían, me querían mucho. Me acompañaron a mi despacho y me invitaron a entrar. Me arregle el pelo, sequé las lágrimas que todavía permanecían en mis mejillas y entré.

Mi despacho estaba prácticamente igual a como lo había dejado. La luz entraba por el ventanal, dentro aparentemente no había nadie y durante unos segundos pensé que me encontraba sola.

—Buenos días —dije para ver si alguien me respondía.

La habitación seguía en silencio.

—Buenos días, señora Sullivan, soy Mar…

Y entonces mi silla de despacho se giró y vi delante de mí a la última persona hubiera esperado.

—¿Pero que haces tú aquí? Estoy esperando a la Señora Sullivan.

—¿La Señora Sullivan? —y empezó a reírse sin parar— Cariño, yo soy la señora Sullivan.

—¿Tú, qué significa todo esto?

La puerta del despacho se abrió y las trillizas entraron de golpe.

—Todo fue idea suya —gritaron las tres.

—¿Pero qué idea?

—¿Recuerdas el día de tu cumpleaños? —yo asentí—. ¿No recuerdas que tu padre llegó más tarde a vuestro almuerzo? Tu querido papito nos contrató para hacerte el mejor regalo de tu vida: que te ocuparas de ti misma y que encontraras a tu hombre ideal.

—¡Papá!

—Mi pequeña… —y me besó—. Llevaba tanto tiempo viéndote ser la mejor buscadora de hombres que sabía que era el único modo de que te empezaras a dedicar a ti misma. Créeme, no ha resultado difícil: el perfil de la señora Sullivan era clavadito al tuyo y solo necesitábamos lanzarte a la misión sin que te dieras cuenta.

—Y entonces, todo este tiempo... he estado buscando a mi hombre ideal sin saberlo.

—Claro, pequeña, pero lo que no sabemos todavía es si lo has encontrado.

Los cuatro se quedaron callados esperando mi respuesta. Los miré y sin dudarlo le dije a una de las trillizas:

—Creo que me ibas a dar uno de esos maravillosos bombones de chocolate si la misión era una éxito, ¿verdad? Pues ya lo estás sacando.

Capítulo 32. El mejor desayuno del mundo

La barra estaba vacía. Los restos de algunas comidas se apilaban en uno de los lados. Los tacos permanecían tranquilos en la mesa de billar y solo una persona tomaba café en una mesa apartada. Aunque al principio no pude reconocerlo, pronto su voz me hizo recordar:

—¿Sabe usted por qué este sitio se llama el *Dirty Dick´s*? —me preguntó el hombrecillo desde la oscuridad.

—Sí. Creo que fue un ferretero que destrozado por la muerte de su mujer decidió recopilar todo lo que los demás tiraban —le dije.

—Es usted muy lista, señora, pero le voy a hacer otra pregunta. ¿Sabe usted entonces cómo es una persona sana? —le miré y negué con la cabeza— Una persona que sabe amar y trabajar —dijo mientras se terminaba su café.

—Y usted... ¿sabe dónde puedo localizar a John?

El hombrecillo levantó la cabeza y me dijo:

—Donde lo dejó, señora, donde lo dejó. Y a propósito salió guapísima ayer en la televisión.

Salí del pub corriendo y fui directamente a su casa. La puerta como siempre cerrada y el felpudo verde me invitaron a ir directamente a la parte de atrás. Estaba temblando, no sabía cómo iba a reaccionar él al verme y realmente no tenía preparado cómo iba a iniciar la conversación. Llegué al jardín trasero y pude ver los restos de comida que habían quedado y unas cuantas cervezas enfriándose en un cubo de hielo. La puerta de la cocina estaba abierta y la música salía tranquilamente del viejo tocadiscos. La cabaña de los muchachos seguía en pie y una bandera con una calavera ondeaba en lo alto. Miré hacía el río y allí estaba. Me acerque y le miré. Con medio cuerpo metido en el agua estaba limpiando una de las canoas. Al oír el ruido levantó la vista y me vio.

—Ah, es usted nuevamente —dijo sin dar mucha importancia al encuentro.

—John, déjame que te explique…

—¿Qué me vas a explicar? ¿Qué eres una buscadora de hombres y que te dedicas a engañarnos para satisfacer a tus clientas?

—No…, no es eso.

—¿Entonces qué? ¿Qué es, Mar? ¿O debo llamarte *"Doctora Deseo"*?

—Por favor, no es eso. Es verdad que yo venía con

un objetivo pero al conocerte… —él me escuchaba serio— todo ha cambiado, y quiero…

—Mar, yo lo que yo no quiero es volverme a sentir engañado.

Yo le miré deseando explicarle todo. Quería decirle que todo había sido una estrategia de mi padre para que le encontrara a él, quería decirle que era la primera vez que podía descansar en alguien, quería poder abrazarlo. Entonces desde la cocina empezó a sonar *"(I've had) the time of my life"*. Sin dudarlo, me quité los zapatos, me metí en el agua y le grité:

—¡¡John, cógeme!!!

Y dando un salto me lancé haciendo la postura del ángel e intenté imitar la escena de Dirty Dancing. Pronto los dos nos sumergimos en las frías aguas del río y nos abrazamos

—Te quiero, Johnny.

—Te quiero, Baby —respondió.

Cerré los ojos y dejé que me apretara fuerte entre sus brazos. Quería que esa sensación durara para siempre.

—¿Te quedarás a cenar? —me preguntó.

—Y si quieres… a desayunar.

"Tengo plena conciencia de que cuando intentamos examinar el amor comenzamos a juguetear con el misterio".

Dr. M. Scott Peck

BIBLIOGRAFÍA

- Abraham H. Maslow. 2009. Motivación y personalidad. McGraw Hill.
- Albert Bandura. 2006. Psychological Modeling: Conflicting Theories. Transaction Publishers.
- Antonio Damasio. 2010. Y el cerebro creó al hombre. Destino.
- Atkinson, J.W; Birch, D. 1978. An introduction to motivation. Van Nostrand.
- Carl R. Rogers; Barry Stevens y colaboradores. 1980. Persona a persona. Amorrortu editores.
- Carl R. Rogers. 2000. El proceso de convertirse en persona: mi técnica terapéutica. Editorial Paidós.
- Dave Ulrich; Wendy Ulrich. 2011. El sentido de trabajar. Lid editorial empresarial.
- David C. McClelland; Guillermo Solana. 1989. Estudio de la motivación humana. Narcea Ediciones.
- Dr. M. Scott Peck. 1978. La nueva Psicología del amor. Urano-Emecé.

- Eduard L. Deci; Richard M. Ryan. 2002. Handbook of self-determination research. University of Rochester Press.

- Elliot Aronson. 2003. El animal social. Alianza Editorial.

- Erich Fromm. 1996. El arte de amar. Paidós Studio

- Fred Lachotzki; Robert Noteboom. 2007. Más allá del control: gestionar la alineación estratégica mediante el diálogo. Deusto.

- Frederick Herzberg; Bernard Mausner; Barbara Bloch Snyderman. 1991. The motivation to work. Ediciones Díaz de Santos.

- Fritz Heider. 1982. The psychology of interpersonal relations. Routledge.

- George S. Day; Paul J.H. Schoemaker. 2006. Visión periférica: cómo detectar debilidades y oportunidades ocultas. Deusto.

- Gerardo Pastor. 2009. Psicología de la comunicación y difusión de valores. Publicaciones Universidad Pontificia de Salamanca.

- Herbert L. Petri; John M. Govern. 2006. Motivación: teoría, investigación y aplicaciones. Cengage Learning Editores.

- Idalberto Chiavenato. 2000. Administración de Recursos Humanos. McGraw Hill.

- Isabel Caro Gabalda. 2011. Hacia una práctica eficaz de las psicoterapias cognitivas. Desclée De Brouwer.

- Jaques-Philippe Leyens. 1991. Psicología social. Editorial Herder.

- Johnmarshall Reeve. 2003. Motivación y emoción. McGraw Hill.

- José Ignacio Vélaz Rivas. 1996. Motivos y motivación en la empresa. Ediciones Díaz de Santos.
- Juan Francisco Sánchez Vázquez. 2010. Liderazgo: teorías y aplicaciones. Universidad Pontificia de Salamanca.
- Ken Robinson; Lou Aronica. 2009. The element. Penguin books Ltd.
- Leon Festinguer. 1957. A theory of cognitive dissonance. Stanford University Press.
- Mihaly Csikszentmihalyi. 2003. Fluir en los negocios. Editorial Kairós.
- Mihaly Csikszentmihalyi. 2008. Fluir: Una Psicología de la Felicidad. Editorial Kairós.
- Paul Watzlawick; Giorgio Nardone. 2000. Terapia breve estratégica: pasos hacia un cambio de percepción de la realidad. Editorial Paidós.
- Richard Fish; J. H. Weakland; L. Segal. 1994. La táctica del cambio: cómo abreviar la terapia. Herder.
- Richard L. Daft; Richard M. Stress. 1997. Organizaciones, el comportamiento del individuo y de los grupos humanos. Editorial Limusa.
- Robert J.Sternberg. 1989. El triangulo del amor. Paidos.
- Susan C. Cloninger; María Elena Ortiz Salinas. 2003. Teorías de la personalidad. Pearson Educación.
- Thomas G. Cummings; Christopher G. Worley. 2007. Desarrollo organizacional y cambio. Cengage Learning Editores.

- Tom Peters. 2005. Nuevas organizaciones en tiempos de caos. Deusto.
- Victor H. Vroom. 1990. Manage people, not personnel: motivation and performance appraisal. Harvard Business Review.
- Victor Harold Vroom; Philip W. Yetton. 1973. Leadership and decision-making. University of Pittsburgh.
- W. Chan Kim, Renée Mauborgne. 2005. La estrategia del océano azul: como crear en el mercado espacios no disputados en los que la competencia sea irrelevante. Granica.
- William Hudson O´Hanlon; Michele Weiner-Davis. 1990. En busca de soluciones: un nuevo enfoque en psicoterapia. Paidós.

www.ingramcontent.com/pod-product-compliance
Lightning Source LLC
Chambersburg PA
CBHW051900170526
45168CB00001B/183